U0852451

Meirongyuan
Jingying Guanli
Shiwu

邓 创 编著

美容院
经营管理实务

（第二版）

辽宁科学技术出版社
沈 阳

图书在版编目（CIP）数据

美容院经营管理实务 / 邓创编著，—2 版 .—沈阳：辽宁科学技术出版社，2012.1（2022.10 重印）
ISBN 978-7-5381-5843-4

Ⅰ. ①美… Ⅱ. ①邓… Ⅲ. ①美容院—商业管理 Ⅳ. ① F719.9

中国版本图书馆 CIP 数据核字（2011）第 234727 号

出版发行：辽宁科学技术出版社
（地址：沈阳市和平区十一纬路 29 号 邮编：110003）
印 刷 者：辽宁新华印务有限公司
经 销 者：各地新华书店
幅面尺寸：184mm × 250mm
印 张：14.5
字 数：250 千字
印 数：55116–57115
出版时间：2002 年 6 月第 1 版
2012 年 1 月第 2 版
印刷时间：2022 年 10 月第 18 次印刷
责任编辑：李丽梅
封面设计：熙云谷品牌设计
版式设计：于 浪
责任校对：徐 跃

书 号：ISBN 978-7-5381-5843-4
定 价：38.00 元

联系电话：024-23284063
邮购热线：024-23284502
http://www.lnkj.com.cn
本书网址：www.lnkj.cn/uri.sh/5843

目录 CONTENTS

第一篇 美容院经营与管理

第一篇 *Meirongyuan Jingying Yu Guanli*

美容院经营与管理

第一章 美容院概述

一、关于美容

在许多人眼里，美容不过是涂涂脂、抹抹粉、做做脸，或者是隆胸、做双眼皮什么的。其实不然，美容是一种对人的内外形象进行修饰、美化的技术和艺术的泛称。从宏观方面论，美容包括美学、文学、医学、营养学、色彩学、化学、物理学、心理学等专业的许多知识；从微观方面来看，又包括化妆、护理、整形、保健、发型、服饰、礼仪等。

美容是一门艺术，它比任何艺术都更直接地追求和塑造“人”的美，它已经渗透到人们的日常生活、学习、工作、娱乐之中，成为人们生活中不可分割的一部分。美容，还是一门哲学，它研究和诠释的中心是人类最宝贵的东西——生命，它以“人”为本，力图完善人的容貌、形体、心态、情绪，使生命充满青春活力；它还力图抗争人类的自然衰老规律，让活着的人每一天都年轻、快乐。

美容出现在我国内地，一般认为在20世纪80年代中期，由香港直接传入，并很快在广东沿海地区广泛传播。美容一开始依附于理发行业，称之为美容美发。由于是一项新事物，问津之人并不多，许多国营或集体单位并不介入。后来，为了参加东南亚地区的“美容美发大赛”，一些国营单位的优秀理发师陆续被选拔出来，进行美容专业技术培训，针对大赛项目加以训练。经过不断的交流、融汇，美容美发业开始受到人们的关注，并迅速在中国内地崛起，成为非常热门的职业。

二、 认识美容院

1. 美容院的概念

美容院是做什么的？表面上看这是一个再简单不过的问题，可是能做出满分答案的人却极少。从企业经营角度看，美容院是专门从事美容美发商品销售和服务，提供各项服务项目和设备，直接为消费者服务的企业。从心理学的角度看，“美容院是出售美丽和梦想的场所”。因此，美容院不仅仅是改善顾客的外在形象，更关键的是要满足顾客的心理需求，满足其由于享受美容服务而带来的愉悦的心灵感受。

因此，真正了解美容院能够做什么，其实就是要了解美容院能够提供给顾客什么服务。

2. 美容院的专业性服务

对于美容院而言，成功经营有三大法宝，一是店面形象，二是服务管理，三是美容技术。

美容院为顾客提供产品与技术是最基本的要素。其中美容技术是有形的，服务管理是无形的，然而很多时候顾客对无形的店面形象和服务管理感觉最敏锐。

若一家美容院，通过老板与员工的合力，营造出满足顾客需求的营业气氛，那么这家美容院必定顾客盈门，并且上述三大成功法宝将互相作用，进而产生互动连乘的倍增效果。因此美容院应该考虑顾客需求，为顾客提供以下专业性的服务。

（1）进行美容基础知识咨询

调查显示：80%以上的顾客不了解或不懂美容基本知识；52.6%的顾客希望美容师能提供美容咨询。美容师若不能提供美容咨询，就不可能树立专业形象，店面形象也必然受到损害，顾客自然不会放心去享受美容服务，顾客流失也成为必然现象。

（2）提供安全、安静、舒适的环境

“物以类聚，人以群分”，顾客选择美容院首先是关注美容院的环境和气氛。只有环境达到吸引顾客进门的要求，才能让顾客产生“享受美容服务”的行为，才会让顾客体会到美容院的产品和技术。

（3）创造充满动感和新鲜感的气氛

气氛是作用于人心理的最大诱因，起到感染顾客的作用。也就是说，环境吸引了顾客，气氛感染了顾客。美容院内的动感与活力会使顾客不由自主地融为一体，产生享受其服务的欲望；而新鲜感则给顾客惊喜之外，还会令其体会到美容院的周到、细心，起到留住老顾客的作用。因此，如何创造店内的动感与新鲜感，应该是美容院花大工夫探索的问题。

（4）为顾客提供生活情报

每一位顾客均生活在自认为适宜的环境和人群当中，每个人不仅仅为自己而生活，而且要活给别人看。因此美容院必须通过自己所从事的本业，连带性地提供相关的顾客生活情报，如服饰搭配、快速化妆、家庭理财、家居布置、身体调养、子女教育……令顾客在享受美容服务的同时，得到更多的有益资讯，产生“超值”的想法，至少有“同样花钱，还是这家最好”的感觉。

（5）帮助顾客缓解情绪、放松身心

现代人生活节奏加快，生活和工作的压力增加，女性顾客尤其如此。因此，美容院在环境、气氛和美容服务等环节上都应多花心思，让顾客有一个“缓解情绪、放松身心”的休闲场所。

（6）重树顾客气质与信心

美容院的许多顾客是出于工作、业务或特定的需求而来的，且有些女性顾客有自卑心理。由此，美容院不应停留在表面上的“面子”服务，而应该深入到顾客内心的“面子”服务上。通过美容美体，让顾客重树自信心，展现其内在气质。

（7）提供安全的产品和过硬的技术

产品与技术是美容院应具备的最基本的要素。但在产品的选择上，不应只注重进货价格，更应首先考虑产品的安全性。

（8）体现优秀的服务品质

美容院优秀的服务品质不仅体现在接待技巧、好的产品、好的效果、好的技术等环节上，还应该包括内外卫生、设备仪器、促销活动，和从业人员着装、专业礼仪、专业知识等方面。

实际上，上述几方面是站在顾客的诉求角度来进行分析的，因为美容院是为顾客而开设的。顾客不一定是对的，但顾客的合理需要必须得到满足。

三、美容院的特点

经营者必须密切地掌握时代潮流，才能成功地经营一间美容院。

目前，美容院除了增加了化妆、发型设计等技术服务以外，还在更进一步地追求美容本来的目标，谋求美容与整体的协调，再加上热忱的服务态度和技术的更新，从心理方面来美化“顾客的面貌”。

目前，有越来越多的美容院，从顾客的立场出发来进行美容院管理。在这样的美容院里，必须彻底分析顾客的美容心态和爱好，让美容符合其个性，进而朝着流行的趋势作适当的改变，使其永远走在流行的前沿。

时代在变，时尚在变，消费者的需求在变，卖一个美丽梦想给女性的美容服务也应该有所改变，以满足顾客日益增多的心理需求。目前，市场上提供的美容服务有以下特点：

1. 全功能、多角色

这种美容院几乎提供所有的美容服务，如美容、美发、美甲、SPA等，从纯手法到配搭产品、仪器，甚至心理美容等。它们一般实力雄厚，用高举强攻的姿态亮相。在最显眼的地段，以最多样的服务内容和最大型的场所来服务当地及邻近地区的目标人群。

也有的美容院，因为竞争对手的出现而在取长补短过程中自身功能得到更加全面的发展。

2. 服务项目少而专

功能单一和专一，专攻某一方面的护理，这以纤体机构和丰胸机构最有代表性。这种美容院在广告宣传和店名的选择上都别具匠心，清楚地说明自己的服务定位与品位定位。只要在服务的精致和个性特质上再提高，这种单功能美容院极有可能成为未来最热门的潮流之一。目前，流行的专攻水疗的SPA其实就表现出了单功能美容院的这种方向。

3. 私密保护性增强

美容是一个私密性很强的东西，这个观点以前你可能不认同，但随着美容科技手段的越来越高超，到美容院护理就不仅仅是保养这么简单。顾客不想不相干的人看到他赤身露体的本来面目，更不想不相干的人知道他会做哪一类护理，因而，他需要一个单间，而且这个单间更要卫、浴、蒸设备一应俱全。将卫、浴、蒸设备一室一配，代表着美容业又提高了一个档次。与传统美容院相比，这里更像个休闲场所，更切合来放松休闲的消费者的需求。

4. 课程灵活组合

美容院以前提供的课程，往往以单一课程内容进行，补水就要补“批量”的水，美白就要美“批量”的白。哪天水已补足临时想要美白，对不起，顾客只能重新买一个美白的课程，相当呆板。现在，顾客只需付出一定的金额，根据金额总量高低享受大小不等的折扣，便可享受美容院里所有的项目；或者，以套餐的形式，十个八个配套的项目组合。这样，灵活性高多了，消费者也方便实惠了。

5. 兼顾女性与男性

正是照顾了消费者的私密需求，一室一配的设施也使来客无需到处走动，越来越多的美容院走出了当初纯为女子服务的概念，而可以同时接待恋人、夫妻，使得到美容院不再是女性的专利。不少男士开始是因为陪女友、太太来，后来在等待的过程中尝试做做沐足、推拿等放松保健的项目，再后来接受美容顾问和家人、女友的建议修身减肥，就这样有了美容的动力。有些设在商务区的美容院干脆将男宾部单独设立出来，以迎合越来越旺盛的男士纤体美容需求。

6. 美容不忘养生

健康是时下最流行的追求，与健康关系密切的养生就成了热中之热，观念来源于“防”大于“治”的健康理念。养生除了体现在开发越来越多缓解亚健康的美容项目外，时下一个趋势，就是与自然能尽量拉近距离。在市中心的美容院品牌打响后，再将品牌延伸到市郊真山真水的大自然环境中。这是因为，越来越多的老板、白领、办公室文员进美容院不再仅仅只是关注身形和皮肤，更多的是为了疲惫的身心得到放松，偶有不适的身体得到保健。

适合养生之地，不仅有山有水，还要食物有机天然，同时还可一站式享受到市中心美容院提供的所有项目和服务。与现实中烦嚣的生活有段距离，身心全面得到放松滋养，这样的美容才能达到养生、健康的终极目的。

7. 高档美容院会所化

服务的对象基本是高端人群，不仅提供美容、美发、美甲、SPA等全套服务，还有心理美容、健身等多元化的服务。融健身美容、医疗咨询、财经顾问和法律援助及心理咨询于一体。

这类女子会所会定期向会员提供时尚生活资讯，邀请不同风格的服装设计及形象设计专业人士主持沙龙专题研讨，此外还涉及礼仪、化妆、美容、心理学、健身、音乐、绘画、教育、婚姻等话题。定期举办会员小范围聚会，满足他们“圈内人”的心理需求。此外，特别引人注目的还有互动节目，像驾车自助旅游、时尚Party之类，给独立自主的女性提供了自由的空间。在小美容院低价战略的压力下，中高档美容院通过提升服务、做细节来抓住高端客户。

四、 美容院的类型

随着社会环境的改变和消费形态的多样性，消费者对“面子”问题提出了多样化、个性化的需要。作为美容院的经营者，应该敏锐地把握住这些不同的需求，站在消费者的角度，主动出击，依靠准确的经营定位与特色，开设各种不同风格和类型的美容院，以满足细分化市场的需求。

未来的美容院经营者要树立这样一种观念：我只是受某一类顾客的委托而开店，并受顾客的委托而管理店。而不是像从前及现在这样，不管是哪一类型的顾客都“照单全收”。

那么，未来的美容院发展主流是什么类型的呢？它们将以什么样的特色去吸引消费者呢？

1. 会员制美容院

随着收入丰厚的白领女性和拥有个人事业的成功女性的不断增多，她们已逐渐成为美容院最具消费能力和最活跃的顾客。由于她们在生意场上或职业场合的社会角色分量的加重，其对美容的要求已远远超出“面部美容”的范畴，而进入更深层次的保健美容、心理美容。因此，她们需要寻找一个既能适合个人身份又能满足其社会身份的休闲服务场所，这种场所就演变为顾客生活与工作的“加油站”。

针对该层面顾客的共同特征，对其可能性需求进行分析后，可形成“会员制”的经营定位。该层面顾客的年龄一般在25～45岁之间，其月收入不低于3500元，85%以上具有本科以上学历，在服饰上讲究不同场合有不同的搭配，以突显个人内在气质。这类顾客具有超前消费意识，注重消费的附加值，属于成熟的消费群体。她们具有一定的美容知识，注重产品的品牌和内在品质，不追求短期的产品功效，以高档产品为主诉求。在接受美容服务时，注重美容的愉悦感觉和超值得体的服务，对具体的“价格数字”不敏感，注重是否“值”或“超值”，可以理解收费中包含环境、服务的成分。

实施会员制的美容美体俱乐部，整体规模大，服务项目多，前期投资较大，对细微部分的装饰布置非常讲究，对现场管理水平要求高，从业人员的综合素质要求极高，须实施不间断的严格训练。

实施会员制，必须有一整套会员发展、管理、组织办法和会员章程，并需精心设计会员卡的类别，精心测算不同会员所享受的权益或优惠，同时应注重对会员资格的审查，用心体会“物以类聚，人以群分”的含义，努力做好会员固定化、组织化的策划工作，并强化附加值销售功能。会员制俱乐部必须通过会员的入会费用的测算和精心经营，让会员卡升值，唯有如此，会员才会感觉到“至尊会员”所享受到的“至尊待遇”，避免会员卡仅仅是资格卡的验明正身作用。

2. 休闲式综合美容美体中心

该类型的美容院，在单体经营规模上较会员制俱乐部要小，服务项目的类别也相对要少，但会通过一两个特色项目带动其他消费。

此类型美容院的规模一般不少于350平方米，其对周围已有商业服务类配套设施有一定依赖性，不可独立生存，略受商圈的限制，但强调交通的便利性。其对美容美发师的形体礼仪、接待技巧、专业素养、沟通技术有较高要求。顾客的成分较会员制复杂，主要以“年龄”和“收入”区分。除常规的美容、美发、减肥、健身、桑拿等之外，可利用不同项目的淡旺季予以合理组合。

3. 专门店

随着科技水平的不断提高，与美容相关的高科技含量产品、设备、仪器的大量研发生产，促使美容业越来越朝着专业化、精致化的方向发展，使各类型专门店的设立与生存出现了潜力巨大的市场机会与空间。专门店无论是店面装潢、产品组合、设备仪器，还是技术、咨询，每一个环节均传递着“专业”的信息，在专业的基础上突显专属于自己的经营或服务特色，为顾客提供大量的专业化咨询，形成良好的口碑。其员工应具备丰富的美容知识和产品知识，掌握纯熟的手法，并熟练操作美容仪器、设备。

专门店的类别主要有：减肥、香熏、美甲、文刺、洗眉、形象设计、形体塑造、化妆品、调理美容、健康食品等。专门店的出现，更容易形成连锁化、网络化经营，是未来唯一能与会员制及综合性美容美体中心抗衡的经营业态。

4. 复合美容院

复合美容院就是将表面上看起来与美容业完全不同的经营业态与专业美容院结合，强调经营业态的衍生利益，为顾客提供“另类”便利。它是基于准确的顾客定位和需求分析，满足顾客与美容相关联的需求，以形成区别于同业美容院的经营形态。经营者应利用不同经营形态的集客力，帮助顾客创造来店的理由，即美容的同时常有额外或意想不到的收获，强化并提高顾客的流量。

设立复合美容院可考虑美容院与女性时装店、首饰店、布艺店、干洗店、茶艺店等结合。

5. 家庭式美容院

家庭式美容院指设于写字楼、住宅小区内的2~4张美容床，采用预约制的小规模美容院，依靠口碑来拥有顾客。其员工应具备非常熟练的美容技术、手法，丰富的产品经验、美容知识，较好的顾客沟通能力，同时美容院应具备温馨亲切的家庭感觉和清新、整洁的环境。它适合真正热爱美容事业，愿意与顾客分享心得的资深美容师经营，令顾客产生信赖感。

五、美容院的服务项目

目前，美容院的服务项目品种繁多，名字也是五花八门，但归根结底还是以下这些内容。

1. 按身体部位分类

按身体部位分类，包括面部护理、眼部护理、肩颈护理、身体护理、手部护理和足部护理等。

2. 按功能分类

（1）基础性护理

①简单补水护理：一般就是只清洁、补水、上面膜，没有按摩，有的美容院将其美其名曰为“水疗”。

②常规面部护理：清洁→去角质→蒸脸→面部按摩→面膜→爽肤→面霜→隔离防晒→结束，有的会赠送头部按摩、肩颈按摩或背部按摩等。

③眼部护理。

④肩颈基础护理。

（2）疗效性护理

疗效性护理的内容也没有太大变化，仍然包括淡斑祛斑、去痘去痕、美白嫩肤、补水保湿、脱敏修复、除皱抗衰等。

（3）美体类护理

美体类护理内容越来越丰富，包括手部护理、塑形瘦身、丰胸健胸、卵巢保养、肾部保养、脊柱保养、肺部保养、精油开背、淋巴排毒、刮痧（面部刮痧、眼部刮痧、身体刮痧，都可以作为一个单独的项目）及拔罐、滑罐等。

（4）仪器类护理

利用仪器进行面部及身体护理已经为美容院创造了非常高的利润。在美容院中，最常用的仪器包括太空舱、光波浴房、远红外线灯等。

（5）特殊护理

所谓特殊护理，一般包括精油护理（香熏SPA)、淋巴排毒及耳烛等。

六、美容院的人员状况

美容院的从业人员很不稳定，以下调查显示了美容师将来的志向和改行调动的理由：美容师将来还想独立经营美容院的约占36.4%，结婚之后想继续当美容师的约占1.2%，目的不明确的约占34.4%。另一方面，从改行、调动的理由来看，目前仍然是工作的因素所占的比例较大。影响美容师工作稳定性的主要因素有以下几个方面：一是技术指导不完善、不彻底，约占19.8%；二是相互之间缺乏理解，占12.9%；三是经营者的处世为人不能令人满意，占9.4%（表1）。

表1　美容院工作人员改行或跳槽理由

原　因	比　例
技术指导不彻底	19.8%
工资比现在所在店高	18.5%
不能让别人理解自己	12.9%
未被老板的人情味吸引住	9.4%
工资相同，但交通不便	6.8%
朋友劝说	6.0%
店内员工之间有纠纷	4.3%
店内工作太忙	2.5%
想换上班环境	1.7%
其他理由	18.1%

调查还表明，美容院从业人员都希望在能充分理解自己、富有人情味的经营者手下工作，接受正确的技术指导。

七、美容院的技术内涵

美容的技术内容非常复杂。每位美容师都会为了展现自己最好的技术而不断地努力，但是，即使有高水准的技术，能够做出很棒的美容，也不过是把人类社会的美容简单地分为发型及身材容貌的美化。如果能让顾客在做美容时享受亲切的服务，比起美容师的技术来说，则会更有意义。

例如：美容师在按摩面部时，可询问顾客的感觉，并说“会不会太用力了呢”之类的话；在结束服务时，说一句“您的皮肤真的感觉好极了”也许更能影响顾客对美容技术的评价。

因此，我们所说的技术包含了多方面的内容。

美容师就是美容技术专家，他除了应懂得美容知识之外，还要有强烈的服务意识。然而，有些美容师常常把高超的技术硬加于顾客身上，来满足自己的服务表现欲。以化妆为例，顾客们常常追求的是日常生活的自然美，而不是追求像时装表演、电视演出那种浓妆的美。所以，对于美容师来说，即使是适合顾客的形象，如果顾客无法接受，美容师也不能硬要替顾客做那种造型，因为那种做法是不对的。顾客因人而异，各有所好，因此，必须先了解到这一点，然后再进行技术指导，给顾客一个满意的造型。

大多数人都认为，美容院是让顾客变美的场所，而且服务态度必须周到。如有些顾客追求的是美容速度，而不是技术的高低。对于要出席家长会或参加婚礼等有急事的顾客来说，周到的按摩不如好手法的按摩，动作应尽量迅速才能满足顾客的要求。另一方面，在进行美容之前，美容人员应先询问顾客的要求，以此为标准做符合其外形的设计。

八、美容院的未来发展趋势

据不完全统计，目前我国的美容机构已逾百万，从业人员达600多万。面对巨大的市场和激烈的竞争，美容院的经营者们必须时刻为自己“充电”，把握未来发展趋势，导入新的经营理念和经营方式，推出新的服务项目以吸引顾客，唯有如此，才不至于在激烈的市场竞争中被淘汰出局。

美容院未来的发展趋势又如何呢？据专家预测，未来的美容院发展将呈现如下趋势。

1. 实力雄厚的连锁经营

目前，中国的美容市场仍处于不规范、不成熟的发展阶段，行业管理缺乏力度，行业竞争处于无序状态，美容院经营尚未形成规模，从业人员素质参差不齐。诸多因素的汇集造成整个行业在社会中的信誉难以达到一定的高度，永续经营、规模经营难以扩大，品牌难以深入人心，因此在美容业推广和实行连锁经营理念，提供优质的产品和服务，建立良好的运作程序，形成良好的口碑和品牌的经营运作模式势在必行。

就美容行业而言，连锁经营将是未来发展的主流。连锁经营具有顽强的生命力与迅速的扩张力，大型的连锁店，无论是规模、组织、财力、人员等各方面都比小型美容院优越，且常以强势广告宣传加强其竞争实力，使得小型美容院难以招架。

2. 直销公司介入美容市场

以前许多顾客购买美容用品都会直接到熟悉的美容院去，经由自己信任的美容师介绍，选购适合自己肤质、发质的美容用品。但最近几年，我国吹起了一股直销风，尤以电视直销为甚，许多直销公司开始介入各种消费市场，美容业也不例外。上百家直销公司采取化整为零的方式，推出各种美容用品，买产品的顾客只需打个电话，直销公司就会把产品直接送货上门或者邮寄给顾客。这对美容院而言，无疑是重重的一击。美容院应适时改变经营方式，以减小直销给自己带来的冲击。

3. 美容院经营管理电脑化

电脑对美容院的用处是非常大的，除了基本的资源管理，如顾客基本资料、美容次数、员工的基本资料等之外，顾客的预约登记、客户资料追踪、进货款项处理、员工薪金、商品销售情况都可以由电脑进行处理和管理。美容院经营电脑化不但会比人工操作更准确和迅速，而且可通过电脑的分析，找到管理上的漏洞，降低经营风险，同时提升美容院的形象。美容师在诊断肤质，选择保养类型时，如果有电脑帮忙，不但会使顾客对其专业知识更加信任，而且工作起来也会得心应手。

4. 导入心理美容

其实美容院除了提供美容服务之外，更应该对顾客进行心理疏导，但是许多美容院却忽略了这一点。试想，当顾客被皮肤或发质等问题困扰时，内心必定会烦躁不安，担心会影响自己的美观，因而到美容院进行皮肤护理时，一定会对护理效果寄予非常大的期望，但或许又会对美容师是否能解决其烦恼心存疑虑。这时，美容师应适时地与顾客交谈，倾听顾客诉说，并不失时机地给顾客灌输正确的理念，让其重新树立信心，放心接受美容师的护理。

5. 美容与医学结合更加密切

许多人将美容视为一件很平常的事，很少将之与医学联系在一起，其实，化妆品的生产就包含有医学的成分。美容师的美容技术与医生的治疗方法相结合的医学美容的推广与实施，有效地解决了许多长期困扰顾客的影响美观的问题。医学美容在今后必将得到更深入、更广泛的发展，并对美容业的发展产生深远的影响。

6. 男士美容蔚然成风

由于受传统观念影响，视美容为女人的事，能丢开传统包袱、接受美容的男士并不多。其实，由于男性的皮脂分泌旺盛，大多数人又缺乏正确的清洁保养知识，对于护肤的需求实际上相当大，男士护肤的前景十分看好。由于不少人戴着“有色眼镜”来看待男士美容，导致经营者会遇到许多困难，因此，经营者应加强员工的训练，建立专业形象，以杜绝不必要的疑虑。

7. 整体流行化

未来美容院的经营方向不该只局限于某个特定的范围，如美容、化妆、护肤等，应朝着整体组合的方向发展，如以神奇化妆搭配特殊造型，让顾客造型更突显其个人风格。因此，美容院可以附设服饰专柜，让美容师为顾客完成造型之后，还可为顾客建议搭配什么样的服饰比较适合。

8. 专业化、个性化、高附加值

如今，顾客不但对美容师的技术服务品质和水准有一定要求，而且对美容院的设备、营造的氛围都极为讲究，并且还希望经常能够得到许多有关消费的资讯，如新潮的服饰、流行的妆容、热卖的化妆品、时尚的休闲方式等，这些都是顾客感兴趣的话题，越来越多进入美容院消费的人都愿意和希望享受到这种高附加值的服务。

9. “美丽工程”式营销

在新经济时代，各个行业的界限开始模糊，要实现美容业利益的最大化，必须将美容的概念延伸，引入“全面美丽”的概念，创造出“美丽工程”系列服务。这种营销模式已经将“美丽”扩展到全身的美，以及由此带来气质、文化提升等内在的美。因而将美容服务的空间和范围延伸开来，使美容拓展为容貌美、身材美（包括美腰、美腿、美臀、美胸等）、色彩美（包括行为美、色彩搭配、服饰、发型、个性搭配）等“美丽工程”，其带来的商机也成倍增加。

10. 专门店式的经营

美容的概念现已产生丰富的外延，美体、美甲等项目纷至沓来，各种配套设施层出不穷，这些都给各类型服务的专门店创造了市场空间，因而美甲店和美体中心从脸部护理中剥离出来也不足为奇。市场细分的同时，商家也开始对消费对象进行细分，专为男性和老年人而设计的美容产品在市场上已开始显山露水，这些都向专门店式的美容院发出了开店信号。

美容业经过这些年的发展，旧的经营理念和传统管理模式渐渐不能适应快速变化的社会环境和消费环境，美容业将必须面对一场深层次的变革。面对消费者更高的要求，美容院必须更新经营管理模式，独具慧眼，才能在充满机遇与挑战的时代屹立潮头，掌握制胜的武器。

第二章 成功创办美容院

一、美容院开业前的企划

许多人对美容行业的经营动态非常关切，不仅是因为美容业是与“美”息息相关的服务产业，还因为它可以为经营者赚取利润，具有广阔的发展前景。为了一展抱负或扩展事业领域，很多人把目光投到了美容行业。那么，如何来创办一家美容院呢？

开业前的企划工作是成功创办美容院的关键。完善的企划工作往往可以修补开业准备的不少漏洞和弊端，然而企划工作的重要性却往往被美容院的经营者所忽略。事实上，企划是可以经由经验和训练的过程学习而得到的。美容院经营者学习如何作企划，并设计出整套完善的企划，正是“有计划经营”和成功发展的一个基石。

1. 了解经营意图与自身条件

企划之始，最重要的是了解经营意图与自身条件。近年来，随着人们生活水平的提高和消费形态的改变，与“美容”有关的生意迅速增加，其经营环境也在不断改变。而开设美容院的基本条件变化更大，所以经营者必须站在自己的立场上，以此作为出发点，把开店的意图以及自身所具备的条件整理出来，以便为美容院的经营作出准确定位。美容院的经营者可以参考以下这些项目设计企划方案。

① 美容这一行业经常是人们话题的焦点，似乎是深具发展潜力、大有可为的行业。

② 美容能为人们所接受，但必须自己有能力从事才行。

③ 投入的资金回收快，至少可以养家糊口，做得好还可以进一步发展。

④ 是结婚后停职者再就业的理想选择。

⑤ 充分考虑与朋友共同创业或独资经营的利弊所在。

⑥ 从营业场所的店面面积来分析，所投入的资金比较低，但经济效益相

对较高，很多人凭借自己的资金就可以开门营业。

⑦ 有哪方面的风险？能不能找到适合的员工？

⑧ 美容技术培训的周期相对美发来讲要短些。

⑨ 资讯的来源，只靠自己收集，还是有很多提供者？

⑩ 女性再就业的现象达到高潮，美容人口、从业人员、市场占有率应该增加。

⑪ 增加营业项目，收入预计会增加。

⑫ 如果在保养护理方面比较擅长，化妆、减肥等方面较弱的话，可考虑聘请专门人才，并设法进修。

⑬ 走专一路线，如开设青春痘（暗疮）或减肥专门店。只要经营得法，也有发展潜力。

⑭ 加盟连锁经营体制虽然成效不一，但似乎亦是可以考虑的方向之一。

以上项目仅供参考，这些条件因人而异，每个美容院可将它们具体化，譬如说投入多少钱，能有什么样的规模，何时能有回报，技术、理论是否足以独当一面，业界关系、顾客基础是否稳固……诸如此类，条理清楚后，便知道方向与定位在哪里了，这也是日后进行企划的基础。

2. 亲身观摩其他美容院的优缺点

整理出开店意图和条件后，还要亲身体验市面上其他有影响力的美容院，尤其是和你的经营路线相同、定位差不多的美容中心。参观时要扮演顾客的角色，观摩那家店的店面设计、经营气氛、收费标准、待客方法以及美容的操作过程，体会其优点、缺点，想想自己应该在哪些方面加以改进和完善。这些临场观摩的体验都是最好的参考教材。经过这些亲身的体验，大概就会发觉有些情况和你想象的有点儿不同。譬如说雇用的美容师太年轻，缺乏经验或技术水准不够；装潢、设备投资很多，却达不到期望的效果……经由这些观察，你必须慎重地重新确认和进一步修正你开店的目的。

3. 顾客群

开业前要确定美容院的顾客阶层，然后作适当的市场规划。由于在顾客密集、竞争激烈、众多同性质美容院共存的美容市场上，做好市场规划很困难，但却是很必要的。美容人口的年龄段为15~55岁，如果你走的是高档美容院路线，顾客群可能要为24~55岁的职业女性或高收入的人群。只有大致规划出你区域内的顾客群后，才能选择适合的产品和制定合理的收费价位。

4. 适合的产品和价格

这一点和顾客群的确定是相联系的。顾客群定位、营业项目定位均为确定产品、器材和价格提供了依据。例如，面向中低消费的顾客群，适合以中、低价位的产品为主，但也可配合少部分的高价位产品。

护理项目收费标准的确定是相当重要的，除了考虑顾客群外，还要考虑价格的弹性。像分阶段定价格就是一个很好的考虑方向，对越早消费的顾客给予适当优惠；随着顾客群的发展而调高护理项目的收费时，应对前阶段的顾客仍维持原价。差别对待的方式，可以留住老顾客、提高顾客忠诚度及增加利润，可谓一举多得。所以护理项目的收费并不是一成不变的，面部护理的价格从一两百到一两千元都有，并没有谁对谁错。所以，最好根据您美容院的实际情况制定一份各类型肌肤的护理价目手册，网罗详细资料（护理系列、护理名称、疗程内容、使用仪器、材料类别、产品用量、护理时间等），然后再加上投资应得的回报率，综合以上制定一套公道的价目表。美容价目手册的制定，能使顾客更安心消费，也能显出美容院的专业水准。

目前，美容院的项目收费并没有统一的标准，但实际操作中大概有两种情形，一种是不论何种肌肤和何种护理目的，其疗程都一样，有差别的只是所用产品的品牌、质量或遇到特殊技术时的方法不一样；另一种是碰到肌肤毛病多或顾客有特别要求时，按实际情况收费。

5. 制定标准的顾客服务流程

顾客服务流程的制定包括硬件和软件两方面。硬件指空间设计的配合，软件则需要经营者多方设想后排定。例如：在柜台与顾客沟通→说明方式和解答疑问→由美容顾问确定顾客问题及需要→换上工作服→选择适合产品→护理操作→招待顾客结账→售后跟进服务。一般来讲，美容院应在服务后的第二天再以电话联络对方，询问护理后的感觉。

6. 护肤品的选择和效果衡量

美容护肤品往往包括不同的因素，如产品价格、售后服务、品牌知名度、产品包装等。现在市面上的美容品琳琅满目，可谓各有所长，在品质上也良莠不齐，无法一概而论。产品效果当然是考虑的第一要素，最好以经营者自己的经验、业界的口碑和顾客的反映来判断其好坏。

另外，还要重视在美容院内销售产品。虽然有些消费者能频频光临你的美容院，但很多顾客希望在家里也能正确地进行皮肤保养，因而需要将美容产品购置回家。一般来说，提高店里美容产品的销售业绩，也能带动其他营业项目，并且可避免经营上的老化现象。当你能吸引顾客到你的美容院购物时，无形中也增加了顾客光临的机会，相对的顾客接受美容护理的机会也会增加。

7. 做好行销策略，留住顾客

做好行销工作，所要拟订的计划是设法拉近顾客和美容院之间的距离，并充分利用顾客本身的人际关系。比如说，可以安排免费美容、美容讲座、产品演示或通过其他的优惠活动来回馈顾客。

8. 其他

美容院的经营者在做好上述工作时，还要将地点选择、筹备资金、装潢设计等作为企划中的重点因素进行考虑。

总结众多美容院开业经验，现将其中效果较好的几点归纳如下，仅供参考。

① 避免收取高额费用，尤其是经常性美容项目，收费标准可适当降低。

② 加强赠送制度及各种优惠方式，并加强护肤品的销售。

③ 营业方针要以“技术”为本。

④ 创造出令人消除紧张、舒适休闲的环境。

⑤ 开设美容院的地址应避免饮食店林立的大厦。

⑥ 可选择有医学或生化科技为基础的护肤品，以天然和生化护肤品为美容院主要产品。

⑦ 除了必备器材外，多考虑选择安全、新式的美容仪器以增加美容院含金量。

⑧ 可针对某种特定的问题皮肤作护理，使之成为本美容院的强项技术，增加美容院的美誉度。

⑨ 创造出令人毫无拘束感的氛围，例如加强柜台周围设计，使顾客能围在一起共同讨论。

二、 市场调查与策略

进行细致的市场调查是美容院开业前必须要做的一项工作。调查结果的准确与否直接关系到美容院经营的成败。图1简略地介绍了美容院开业前的市场调查步骤。

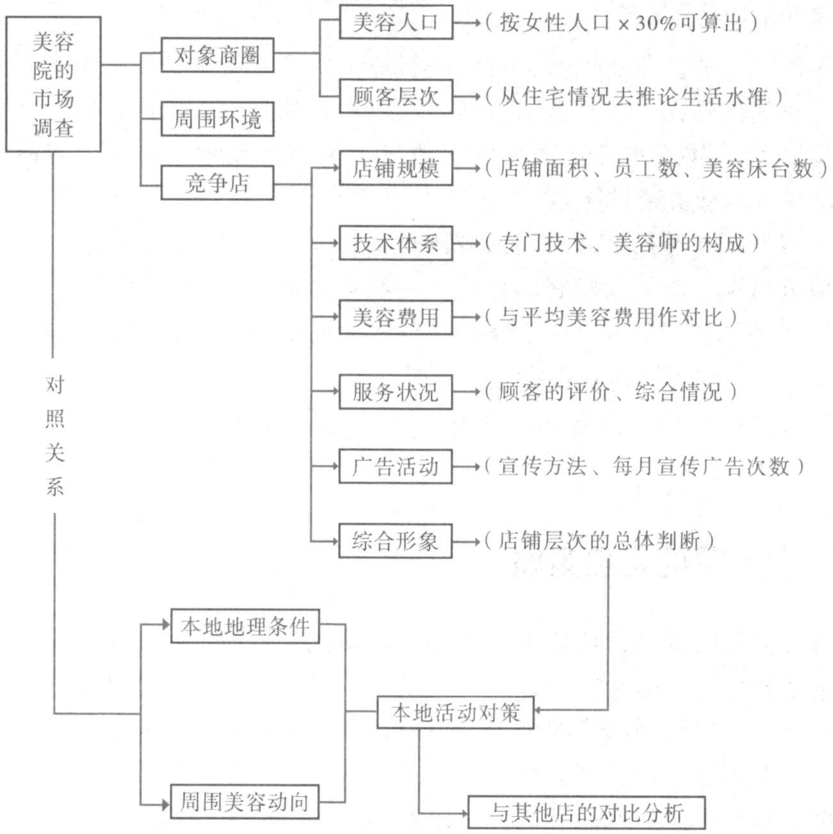

图1　美容院开业前的简略市场调查法

1. 对商圈的调查方法

① 制作以本店为中心的商圈图。

② 在商圈图上以本店为中心，分别以200米、400米、600米、800米、1000米为半径画圆。

③ 在地图的区域、街道处标明根据人口统计推测的美容人口数。美容人口可以女性人口的30%来计算。

④ 从商圈图的地图上，依据高级住宅区、一般住宅区、公寓密集区和其他情况来推测顾客层次。

⑤ 在地图上标明竞争店的所在位置，仔细研究与本店的距离以及同周围美容人口的关系。

⑥ 对美容人口保守的预估。

2. 竞争店的调查方法

①店所在地的竞争店铺数：可利用行业电话簿，或亲自实地调查。

②竞争店的规模：从外观上判断，或以顾客的身份去店内调查。

③竞争店的技术水平：如理发、烫发、美容等技术，可在美容院外作判断，或以顾客的身份亲自体验。

④美容费用：利用电话或别的方法打听。

⑤服务状况：听周围顾客的评价，再看综合情况。

⑥广告活动：以3~6个月分散的分布状况来推测。另外，可以顾客的身份深入调查，或者找周围顾客打听即可清楚。

⑦顾客层次：从美容资金、当地的条件、周转动向、店铺形象可以判断出顾客的层次。

三、美容院的定位策略

一个行业趋向成熟，从业者为了获得竞争优势，纷纷针对不同需求的消费群体设定多样化的产品和服务，或针对某一特定需求的消费群体推出专门的产品和服务，以获得更强的竞争能力。定位，就是确定自己在竞争激烈的市场中的位置。企业通过定位，想方设法强化自己在某一个或少数几个方面的特点，通过提供和别人不同的产品和服务，以差异化的经营来获得局部市场的竞争优势。定位就是这样一个选择的过程，意味着有所牺牲，集中有限的力量和资源，在有限的方面获得集中的优势。所以，美容院的定位是经营成败的关键。

定位策略包括很多方面的内容，对于一家美容院来说，主要应该明确自己在以下几个方面的定位。

1. 品牌形象定位

品牌形象，简单地理解，可以看做是品牌在广大消费者心目中的印象，它是消费者对该品牌所有印象的总和。不同的品牌形象适合于不同的消费群体。品牌形象的定位策略会决定你将在什么样的群体中能获得什么样的竞争能力。

品牌形象定位通常要考察以下几个方面：品类特征、产品比较性差异、品牌以往形象基础、相对价格、消费群体定位、消费习惯和使用方式、消费群体文化心态及生活方式等。可以通过对以上每一个方面的研究，得出品牌形象应具备的各个要点。

2. 市场地位定位

一家美容院的经营策略与其所处的市场地位有着密切的关系。通常，我们可以将一家美容院的市场地位分为四种类型：市场领导者、挑战者、追随者、补缺者。

对于市场领导者而言，合适的策略一般为努力保持优势，持续领跑，增加市场宽度或服务项目。

对于挑战者而言，则应采取差异化经营的策略或在局部竞争要点赶超的策略。

对于追随者而言，不一定要在经营主张上追求突破，而是可以考虑在局部市场谋求深度开发。

对于市场补缺者而言，要注意对选择市场的价值进行谨慎评估，在有些情况下，还应考虑自身的持续投资能力与市场进入成本。一般来说，采取市场补缺者的定位时应该谨慎。

3. 消费圈定位

对于一家美容院而言，消费者分布具有明显的区域性特征。明确自己的消费圈对于美容院的顾客开发以及经营策略都有着极其重要的影响。那么，如何来测定消费圈呢？通常采用“定位地图法”。

对于一家经营中的美容院而言，可以按顾客档案，在地图上标明顾客的家庭住址或工作单位，会发现消费者以本店为中心向外依次减少。按照其密度递减变化趋势，分别设不同的层级，将各个方向上密度相等的点相连接，可以形成一个个不规则的环形，这些图形圈定的范围就是这家美容院的消费圈。

对于一家还没开业的美容院，在选择店址时，可以以当地的其他美容院或饭店、超市、浴室等相类似性较强的单位为参照进行分析。需要注意的是，即便是两家紧邻的美容院，受各自经营策略和市场竞争力的影响，消费圈的范围也很可能有很大不同。这也是我们研究消费圈的主要目的之一。

4. 主要服务对象定位

主要服务对象定位也被称为目标群体定位。它的主要目的就是明确自己的美容院主要针对哪些消费群体提供服务。

在确定消费群体时，通常要考虑以下方面：性别、年龄、消费力、职业、文化心态、生活方式、娱乐方式与爱好等。应该意识到，只知道他们是谁还远远不够，还应明确他们是怎样的，如何接近并赢得他们。

对于已经有一定经营历史的美容院，这一工作除了宏观分析，更多的可以通过对顾客档案的分析研究来完成。

5. 经营项目定位

经营项目定位的概念也可以扩大一些，理解为业务重点的评估。

一家美容院难免要有多个经营项目，每一个项目投入的经历与产生的效益自然也不同。那么，应该增加或删减哪些经营项目？不同的经营项目或业务重点应该采取什么样的发展策略？投入多少精力和资源呢？对此，我们通常可以从每个经营项目的销售额贡献率、利润贡献率、成长速率、结构性、市场地位进行综合评估。

一般来说，利润贡献率和成长速率是两个应该优先考虑的要素。这些要素的评估需要一些专业的技术手段，在这里，从业者根据不同的具体战略，评估各要素的重要程度也会有所变化。在今后的教学中，我们会对此专门进行深入讲解。

6. 消费者利益定位

一位顾客之所以会选择一家美容院，是因为这家美容院能够为他提供价值，而且只有当一家美容院能够为他提供别人不能提供的价值时，他才可能忠诚于这家美容院。

美容院为顾客提供的价值是多方面的，不同的美容院，为顾客提供价值的能力也各不相同，这就是美容院竞争能力的最直接的表现。每一家美容院都应该学会思考自己能为顾客提供什么样的价值，在哪一个方面更具有优势。

这就是消费者利益定位。它包括两大方面：基础利益和独特利益。基础利益是必须能提供的，不可或缺的；独特利益则应至少具备以下三个特点：可识别性、优势性、不易模仿性。

四、美容院投资者的心态

1．树立正确的投资心态

目前，很多经营者认为美容院的生意越来越难做，因为光顾美容院的顾客越来越聪明，美容师已经很难靠三言两语来打动顾客、诱导顾客来消费了。然而，在这种情况下，成功的实例仍有很多，这说明美容院的经营是有一定小技巧的，其中首要的问题是美容院的投资者要摆正心态。

（1）认清人情与销售市场的关系

很多美容院的经营是靠美容师与顾客之间的感情联系来扩大经营范围的。一个好的顾客身边总有几个好朋友，如果这家美容院给予他们足够、到位的服务，并在他们中间建立了良好的口碑，无形当中会给美容院引来大量的客源。但市场又是残酷的、无情的。市场有自己的规律，不相信眼泪与人情，只承认现实与竞争。如果人情与市场无原则地结合，只靠“人情生意”来支撑美容院，其结果很可能会使美容院的经营走入歧途。因此，一个美容院的经营者必须有坚定的立场，让人情销售与市场销售分开。

（2）真正视顾客为“上帝”

“顾客是上帝”是我们经常听到的一句话，但这句话不应只停留在嘴上，而应扎根在服务者的心中。真正懂得顾客心理的美容师，是实实在在地为顾客着想，而不是靠打点折扣、施以小恩小惠来满足顾客的要求。因为消费者都知道“只有精明的卖家，没有精明的买家”，即使产品再便宜，他也会知道你赚了他的钱。所以一个聪明的美容师要把“服务第一”的宗旨放在心上，落实到行动上，为每一个顾客提供一流的服务，让您的顾客感觉到他花的钱是值得的。

（3）相信小美容院也可以成就大事业

事业的大小不取决于美容院的大小，因为一个小小的美容院，在当今的信息时代中，也可以通过信息网络加入到国际大市场中。美容院经营者要随时了解最先进的美容科技与市场动态，建立好自己的销售网络。因此，只要拥有足够的人才与信息知识，美容院就能在市场竞争中占有一席之地，发挥出巨大的潜力，最终成就一番大事业。

（4）要有创新精神与冒险意识

创新精神是任何行业的经营者都必须具备的品质，创新意味着摒弃故步自封的现状，与墨守成规是格格不入的。对于一个美容院的经营者来说，也应该具备这种精神。譬如说，一个具有高科技含量的新产品或设备仪器在刚上市时，也许并不被多数人认识，但只要这个产品具有一定的潜力，经营者就应该接受它。在同行还没认可前，如果你选择了它，也许它就能为你的生意带来巨大的利润。当然，前期也许会带来巨大的风险，但这就要求你具有创新的精神与冒险的胆量。这种创新的意识与冒险应建立在充分论证的基础上，而绝不是盲目的。

（5）风险与利润应该是同行的伴侣

经营就意味着风险，没有风险的经营是不存在的，实际情况是风险越大，回报的利润可能就越丰厚，从某种意义上说，风险与利润是成正比的。经营美容院也是这样，经营者必须要承担一定的风险，只有具备一定的专业知识，才能尽量减少风险、避免风险。因此，美容院的经营管理者对风险要有足够的认识，不要因为贪图暴利而忽视了风险的存在。

（6）知识是力量的源泉

做生意的人一天到晚都在忙，把一切学习的机会都放弃了，给自己找个最好的理由是“工作忙、生意忙”，时间一长就会发现自己所掌握的知识不够用了。不过这倒也是一个好现象，最怕是那些还不知道自己知识不够用的人。因为，社会的高速发展与信息时代所带来的变化常常让人们目不暇接，总感觉到跟不上时代了。因此，对一个美容院经营者来说，用一些时间学习新的知识、接受新的信息，以此来武装自己、丰富自己是很重要的。与其在无意义的应酬中打发日子，让自己与机会擦肩而过，还不如把时间花在自己身上，让自己在深造中体会充实的感觉。

（7）前进与后退都是可取的策略

前进与后退并不一定就意味着成功与失败，有时后退是为了更好地前进。只知前进而不知后退是不可能造就胜利的，有进有退才是商业法则。美容院的经营者对待有些过时产品、老化产品的态度是，该作废的就要让它作废，不要低价处理给你的顾客，一旦这些处理产品发生质量问题，就会让顾客对你的信任度降低。对一些先进的美容设备、新上市的产品及技术，或能提高管理水平的系统管理软件，如广州市励精科技有限公司研制开发的“管理大师——美容业电脑化管理系统”等，该引进的就要毫不犹豫地引进，从而让你的美容院提高一个档次。“等等看”的心理往往会使美容院丧失“领先一步”的大好机会。至于何时该退，要视美容院的经营情况而定，切忌该进不进、该退不退的现象出现。

2. 美容院投资者应警惕的错误心态

在美容行业的发展进程中，那些白手起家成就一番事业的成功人士成了众多有志创业者的楷模，然而也有许多人经多年奋斗仍郁郁不得志，最后便默默无闻地消失在商海中。

其实，成功并不如人们想象的那么容易，其背后饱含着成功者无数的心血和汗水。在创业的过程中，稍有不慎，便有可能“一失足成千古恨”。为此，下面归纳出美容业投资者创业中要注意的七戒。

（1）戒无备而为

新开张的美容院没有信誉，在进货时，产品供应商通常都不会给赊购期。

当顾客光顾次数减少时，不能马上还本，结果成了付款快而还本迟。流动现金短缺，会令财政出现困难，不幸运的美容院会被拖垮，幸运的可能被大店兼并，成为其“点心”。所以，新开美容院最少要预留足够10个月备用的流动现金。

（2）戒样样皆能

许多美容院老板开始时都是小本经营，各种事务无论大小均由本人操纵。随着经营规模的扩大，“一言堂”的管理模式必须改变。但问题是许多美容院老板已经习惯于独揽大权，认为成功之道最重要的便是事无巨细，必定亲力亲为。

世上并无全能的人，美容美发技术专业性强，美容院经营者要知道自己的长处和短处，必要时应聘请店长、专业的美容师以补自己的不足。

（3）戒一手遮天

美容院经营者常常因为要保持和维护自己的尊严而不愿与下属沟通，结果换来一道鸿沟。其实，让下属表达自己的意见，有助双方关系融洽，利于员工接受和认可公司的决策。在工作中可适当把权力下放，集思广益，而自己则专注构思经营项目的整体发展方向。

（4）戒盲目择友

有些想投身美容行业的有识之士会采取寻找合作伙伴的方式进入这个行业，当他“踏破铁鞋”终于寻找到一家急于走出困境的美容院时，往往会被喜悦冲昏头脑，不在意合作者的背景，在没有经过实际考察的情况下，盲目注入资金，期望为美容院开创新局面。孰料，签下“生死合同”之后，在合作过程中发现对方早已失去信誉，方悔之已晚，而且投资也泡了汤。

（5）戒隐瞒真相

美容院经营中出现问题或者美容事故时，管理层最怕事情闹大，于是采取一系列行动，以失实的消息给外界一个歪曲的印象。这就如鸵鸟把头埋在沙堆里，不见不闻。实际上，这是逃避现实，并非解决问题的根本之道。

（6）戒脱离市场

美容院的经营要贴近市场潮流。因为市场潮流瞬息万变，因此或成或败，往往在于能否在项目经营时顺应市场乘势而起，在萎缩时转势求变。

（7）戒反应过敏

有些美容院老板总是忧心忡忡，患上“反应过敏症”，即使经营环境只是轻微转变，他们也急不可待地马上作出相应行动。如果管理与指令经常因此修正，会令员工无所适从，士气低落，影响工作积极性。所以，有些美容院特意聘用上了年纪的顾问，以他们丰富的经验就项目经营提出建议，往往可以冷静行事，把行业与美容院的环境看得更透彻。

五、美容院的布局与装修

1. 基本要求

（1）了解美容院所在位置的地理特性和经营者努力的方向

① 街上居民的风气和顾客层次如何？

② 如何能让此店被当地的顾客接受，且又能将店铺的风格从布局中表现出来？

③ 整个店铺的面积是否和布局协调？

④ 墙壁、物品和器材的颜色以及照明情况是否为经营者理想的风格？

（2）明白布局与形象的关系

①从布局中能反映出此店的形象。

店铺本身的形象是消费者首先对它能否产生兴趣的关键。店铺的布局是对形象的总体表现，而且店铺的形象对吸引过路的行人进来且最终成为顾客也是很重要的。

店铺的形象不仅能从外观上吸引顾客的兴趣，而且店内的装饰和器材的设置也起到令顾客产生信赖感的作用。

此外，美容师亲切的服务态度也能给顾客留下美好温暖的印象，经营者可以把它作为改善美容院形象的中心问题来考虑。

店铺的外观、招牌图案的设计、花卉的摆设等都能使美容院受到顾客的注意。因此，切实把握这种吸引顾客的招式在布局时适当地融合进去，必能产生意想不到的效果。

② 高格调的形象表现。

一般来说，经营时间长的经营者比较喜欢把美容院表现得格调很高，或者说是重视格调的表现。

由于这样的设计具有投入资本过大的缺点，因此重要的是确切评定设备投入的效率，进而根据经营者的实力去作统筹规划。如果没有考虑到经营者本身的个性与店铺形象的关联性，以及与周围环境的协调性，很容易让顾客产生难以接近的感觉。

因此，若想走高格调的形象之路，有必要仔细研讨极端的高格调店铺后，再去进行店铺设计。

③ 新颖的形象表现。

由于具备了富有新鲜时代气息的形象，因而一般能给予顾客安全感，这样，起到了扩大顾客面的有效作用。

店铺的形象有必要在经营者认真考虑的基础上，进行自由且轻松的表现，并随着季节的变化进行一些改变，以吸引顾客的注意。

经由店内的颜色设计，可以很容易地制造一种舒适悠闲的气氛。经营者应充分利用这一有利的条件。对于扩大顾客面而言，这和将美容费用分成两三个等级的效果是一样的。

④时髦的形象表现。

近年来，可以看到很多店铺在内部或外观的装潢上，大多使用丰富且夺目的色彩，以令顾客产生强烈的感觉来加深对店铺的印象。

采用这种表现方法的店铺，其顾客面大多会比较窄。不过，如果这种形象表现能成功地吸引广大的年轻顾客，也有可能产生一种有利的经营形态。

更重要的是这种形象表现的意外性，如果能够在对顾客的服务及美容技术上充分地表现出来，令顾客有好印象，那么同样层次的顾客就会大量增加，甚至吸引到更多顾客也有可能。这种表现方法，经营者的个性与感觉往往是成功与否的关键。

有那么多种的形象表现方法，到底要采取何种方法，这完全由经营者的性格和顾客层次的特点来决定。

2. 店面装修

随着美容美发行业的发展和人民生活水平的提高，人们对美容美发的要求不再是单纯为了清洁、养护和美化形象，而是开始把美容美发当成使身心得到放松和整体的一种需要。因为通过装修来创造一个优美的环境，越来越受到人们的重视。装修前，应请专业设计人员从装修风格、企业形象、标志用色上进行整体的规划设计。装饰要有特色，要醒目、高雅；店内布局要合理，要设立不同的功能区域，并配备通风、照明、调温、视听设施等，使顾客置身于一种舒适优雅的环境之中。

（1）功能划分

根据美容院的实际工作需要和卫生部门的要求，店堂布局应划分为以下几个区：

①顾客等候区：在美容美发厅（咨询台附近）应保留适当的空间，用以摆放沙发、茶几，准备美容美发杂志供大家阅览参考，同时播放音乐，使顾客在轻松、愉快的心情下度过等候的时光。

② 美容区：应具有一定的私密性。要求环境静谧、优雅，光线柔和，保暖性好，有上下水管。要备有美容床、奥桑蒸汽仪、洗手盆、美容小车及贮物橱等。

③ 员工休息区：设置此区是很必要的。工作人员可在此更衣、存放个人物品，既方便职工，也可使营业区更加规范。

④ 后勤区：设置热水锅炉，清理和消毒毛巾等用品。

（2）装饰材料的选择

目前，装饰材料市场品种繁多，价格差异很大，要根据自己的实际情况进行选择。

① 地面：可选用花岗岩、瓷砖、水磨石、木地板（美容区用）、塑胶、仿石材等材料。

② 天花板：可做成不同造型的轻钢龙骨石膏板吊顶，或造价便宜的木龙骨矿棉吸声板吊顶。

③ 墙面：可选用各色铝板，或各种木材板、防火板、宝丽板、软包及内墙涂料等。

（3）装修方法

① 外观：外观装饰包括门窗、墙面、门头字的装饰。目前，作为门头用的门窗多采用不锈钢或钛金板框，内镶通体大玻璃窗和玻璃门，玻璃窗口可饰以丽人图像，以增加透明性和广告效应。墙面有多种形式，如抛光和毛边的大理石贴面、瓷砖贴面、不同花式的水泥墙面，外涂防水防晒涂料、仿大理石纹样的防火贴面和铝板等。门头字的形式和材料都很多，现在比较流行的有灯箱式内嵌灯光，非常醒目；不锈钢字或铜字，内衬大理石墙面，效果好，显档次；还有玻璃钢字、霓虹灯字等多种形式，可在适当的位置装饰店的标志。另外，门头安装标志灯也是不可缺少的项目。

② 地面：门口处以铺设石材或瓷砖为好，适合大客流量使用。可选择毛面、光面及防滑等多种规格的材料。材质与色调应与外墙面协调。

营业厅以铺设花岗岩和瓷砖为好，色调应简洁、明快。按功能要求可用隔断区分空间，空间内可铺设木质地板或瓷砖等其他材料，周边可饰以同材质的串边。

③ 天花板：使用比较广泛的是轻钢龙骨石膏板，吊顶可以结合地平面设计，制作各种造型的灯池。周边以石膏线饰边。为节约开支，也可选用木龙骨矿棉吸声板吊顶，施工简单。

④ 门厅区：门厅区应光线充足，色调明快，设有简洁醒目的服务台，可配合灯池造型，制造出相对独立的空间。服务台与陈列柜应简洁实用，服务台

可选用防火板式木板材贴面，并饰以金属或木制线条。陈列柜可分割成若干空间，安装小射灯及背面采光，放置包装精美的化妆品或具有灯箱效果的丽人图像、奖品等。

⑤美容区：美容区应与美发区隔开，空间位置应方便美容床的放置。整个美容区可设计成一个大空间，也可隔成每床一个单独空间。墙面可采用软包、壁纸、壁布、彩色内墙涂料等较柔和的装饰手法。照明应尽量选用白炽灯，以与自然光贴近。设置化妆台，墙面设镜面，以便于顾客观察美容效果。

3. 满足顾客需求的店铺管理

（1）顾客选择美容院的标准

顾客在选择美容院时，其选择的标准为何呢？经过调查后，得到以下的结果：

服务至上的店：12%；　感觉亲切的店：8%；

近且方便的店：19%；　以前常去的店：11%；

卫生整洁的店：7%；　灯光明亮的店：1%；

价格便宜的店：11%；　技术高明的店：14%；

风格不错的店：7%。

也就是说，作为顾客选择美容院的重要因素——“卫生”、“风格”、“明亮”等这些形象的感觉占了全部的2成。

另外，对于顾客是否会光临固定的美容院的调查情况如下：

会光临固定的美容院：27%；

有时会光临固定的美容院：32%；

不会特别光临固定的美容院：34%；

其他：7%。

可见，大约有1/3的顾客会去光临固定的美容院。也可以说是这些顾客根据前面谈过的美容院形象来决定光临哪一个店。因此，美容院的形象管理对于美容院来说相当重要。

（2）顾客对美容院形象的评价

光临过美容院的顾客，对美容院的形象都有自己的评价，这里选择几条有代表性的建议，介绍如下：

——“有些美容院店内管理得井井有条，却不太注重外部形象。”以吸引顾客方面来讲，若可以从外面就能看清店内的情形，给人清洁舒适的感觉，以及清楚地标明价格让顾客知道，可以获得更多的顾客青睐。

——“每次去美容院都感觉其还是十年如一日的老样子，总令人产生厌烦感。”所以，若能在店里装饰一些风景图画，或是偶尔改变窗帘及椅套的颜色、顾客围巾的样式和店员的工作服等，会令顾客产生新鲜感，当然就更愿意去光临了。

——有些美容院墙壁上挂着许多技术高超的证书和奖状，但是其美容师的器具箱和物品却脏乱不堪，洗发处的热水器上沾满黑垢等，试问这种情形会让顾客对美容师的技术有信心吗？

——美容院的壁纸若能设计得有个性且让顾客感到舒服，就能使顾客平心静气。相反，如果色彩非常强烈，容易造成顾客不安心的心理，而且也容易让员工产生疲倦感。

——有时去美容院洗发时，看到洗发椅倒在地上，店里的日光灯不一致或因故障而不亮，器具沾满黑垢等，这些情况很容易让顾客敬而远之。

以上是几位顾客的建议，是美容院应注意改善的地方。美容院虽然不必经常添置新物品，但有追求创意变化的必要。一般来说，服务业店铺器具的使用期为5~10年，这意味着5年改变一次形象是必要的。但是若从策略上来考虑的话，经常性地将部分设备略微创新，时时给顾客们正在改变形象的感觉，这也许是一种更明智的经营策略。

六、美容院如何选择经营项目

美容院美容项目的选择直接关系着美容院的声誉，好的项目可能会带来一个人的飞跃，从此产生良好的社会和经济效益，不好的项目也可能使美容院滑向低谷，从此一落千丈，所以在选择项目时持慎重态度是必要的。那么，美容院如何选择经营项目呢？一般来说，应考虑以下几方面。

1. 项目的安全性

我们常常会遇到这样的问题，从甲地到乙地有无数条路，人们会选择其中的一条，而安全性就是选择的首要标准之一。美容也一样，举例而言，丰胸、减肥、除皱、祛斑有很多种方法，在这众多的方法中，安全性是首先要考虑的。建立的项目是否安全，直接影响着美容院的顾客群，因美容行业的特殊性，不可能有太多的人去冒风险。它跟顾客得了肿瘤而不得不去就医不同。而且，隐瞒了项目的不安全性而给顾客造成伤害，结果将导致官司缠身或关门停业，严重者有可能锒铛入狱。所以，美容院在选择项目时，首先应该考虑的是项目的安全性。

2. 项目的实效性

效果，毫无疑问是顾客也是美容院最关心的问题之一。美容院所选择的项目要有确定的效果，而且这种效果最好能让顾客看得到，或是感觉得到，也只有这种效果才最有说服力。它会带来一个庞大的客户网络，创造出惊人的社会和经济效益。所以说，项目的实效性是美容院的生命。就除皱项目而言，蕾丝青春拉皮除皱项目效果不错，做法也独特，这种利用生物微波训练皮肤的方法是给顾客先做半边脸，做另外半边脸之前，要求顾客对着镜子比较效果，左右两边脸明显不一样，不管从肤色、光滑度、面部提升、皱纹的伸展上……都有很大的差异，效果直观，一目了然，顾客容易接受，这种项目美容院也比较容易开展。除皱项目如此，其他项目亦然。

3. 广泛的顾客群

美容院所建立的项目如果适合大多数顾客消费，预示着它有广阔的发展前景，顾客群的广泛与否，主要取决于美容院的收费和项目本身所适应的年龄段。如果因为成本高或其他原因使收费被迫提高到当地居民难以接受的程度，此项目洽谈便会难以发展，必会遭遇“门前冷落鞍马稀”的境况。我们知道，对于国内美容院来讲，其顾客大多在25～45岁之间，如果选择的项目是适合60岁以上的人，同样也难以发展，所以应选择适宜于25～50岁顾客的项目。

4. 完善的服务体系

常常有美容院提出这样的问题：“我在某某公司买了某某东西，没有取得预期效果或根本不会操作。”原因出在哪里呢？是产品本身的问题还是运作的问题呢？这说明，在选择项目时还有一个问题是不可忽视的：就是厂商或销售商能否提供完善的售前培训、售中答疑、售后维修等一整套服务，这一点是很重要的。通过系统的培训，对疑难问题的解答，可以少走许多不必要的弯路，直接掌握操作精髓，发挥项目的最大效力。而售后服务又可以在遇到问题时加以解决。完善的服务体系是非常必要的，要把选择的项目开展好，首先要知道这个项目是怎么回事，它到底有什么功效，怎么样操作才叫规范，不同的顾客该怎么样设计疗程……这些问题如果都弄不清楚，又怎么去引导和说服消费者认同这个项目呢？

5. 品牌效应

美容院选择知名品牌用品和设备无疑是明智之举。设备作为美容院的硬件设施，基本上是一次性投资，选择好的品牌无疑会带来更多的信心和便利。名牌产品在工艺和技术方面一般已非常成熟，其性能稳定，很少出现故障，美容院买得开心、用得放心。而且知名品牌的厂商和销售商也会从各方面给消费者提供更加完善的服务以保护这种品牌效应，从而使美容院和顾客成为最终的受益方。另一方面，从顾客的角度来讲，尤其是女性顾客，她们更容易接受知名品牌的东西，非但如此，她们还会带动周围的一些人接受她认同的品牌，这就是在品牌效应影响下形成的一个潜在的、庞大的消费网络。其实，美容院在选择知名品牌的同时，也就选择了品牌本身带来的良好效应。

6. 适当的价格

对于产品的价格问题，大部分人会有两种极端的态度。第一种态度是贪便宜型。拿拉皮机来说，市面上有一千多元的拉皮机，也有六七千元的拉皮机，更有几万元甚至十几万元的进口拉皮机。一部分人会选择前者，他们不去想产品因为工艺问题而产生的质量、效果和经济效益上的巨大差异，只求价格低廉，他们也没有想到产品本身有个使用价值的问题。所以，在想到产品价格的同时也不要忘记前面五点，只有综合考虑问题才不会落入便宜货的迷宫。而第二种态度恰恰相反，是"崇洋媚外"型，什么都是进口的好，唯进口产品最佳，其实未必。就美容用品和设备而言，有一些国货精品足可以与进口产品媲美，不论是功效和技术都不逊于它们，但价位却大大低于进口产品。进口产品还有一点是无法与国货精品一较上下的，那就是服务：售前的培训和售后的维护。所以，这两种态度都不可取。美容院上什么档次的设备或项目，一要看自己顾客的需求，二是考虑自身的经济实力，在此基础上确定适当价格的设备才是明智之举。

第三章
成功经营美容院

一、美容院在经营方面存在的问题

1. 竞争者过多与经费问题

普遍而论，最令美容院的经营者烦恼的问题是目前美容院数量过多，相互之间竞争激烈，也就是说，每300户人家中就有一间美容院。当你到街上闲逛时，不妨观察一下，将会看到各式各样的美容院，其竞争之激烈，由此可见一斑。

根据调查，美容行业中90%以上的美容师想独立的心理较强，一旦时机成熟，就会自找店铺，独立经营。

美容院的第二大困难就是许多经费开支提高，特别是毛巾、盆栽、水电、修理等费用已成为头等问题。另外，在一般的美容院，卫生消费品、饰品之类的经费开销提高，其他诸如拖鞋、顾客看的杂志、广告、插花之类的经费也逐渐增多。这些都是美容院需要考虑经费的问题。

从美容院的性质来看，美容院是依靠人的服务来维持本身的经营的，所以必须拥有一定的美容技术人员。然而，现今的美容师与以往的不同，他们并不想在同一家美容院工作太长时间，有的稍微习惯就会因薪水方面的原因而转到其他美容院；有的结婚后则做专职的家庭主妇；还有更多的美容技术人员改行到其他行业工作。由于人力短缺，势必导致各间美容院为稳住技术人员而进行一场工资上涨以留住人才的竞争，因而会引起人事费用的提高。

一般来说，美容院经费开支的比例是：材料费占10%，人事费占40%，一般管理费用占35%，剩下的15%就是经营者的收入。以上是平均的比例。但由于一般管理费及人事费的上升，经营者的收入是无法令人满意的。竞争者过多及经费开支提高是美容院经营者的烦恼，尤其是面积在200平方米以下的小型美容院，如果无法让员工安心地工作，很容易产生经营上的困难。

如果是这样的话，可能会令目前正从事美容工作，以及将来想进入美容院工作的人打退堂鼓。但是，即使是这样，解决问题的关键还是在于经营的方法。有的美容院做好规划，走上发展的大道；而有的虽然没有计划走向全方位的发展，但却能切实地保留其他利益，进而憧憬未来的生活。所以，唯有突出其他美容院所没有的经营风格，尤其是对顾客的亲切感，美容院才会得到当地人们的喜爱。

2. 营业额不稳定

服务行业常常会受到季节、气候及时尚流行等的影响，如果美容院的经营者无法把握这种变化，而漫无计划地去经营，很容易造成经费不足的问题。这个问题在规模较小的美容院表现得特别明显。随着美容院的规模不断地扩大，如果经营毫无计划，会造成营业额的变动相当剧烈。而原本规模较大的美容院，能够事先采取适当的对策进行经营。一般来讲，营业额的不稳定性与美容院规模的大小成反比例关系。

总之，美容院全年的营业额变化剧烈，而且其变化每年都呈现出相同的倾向。营业额较好的月份与较差的月份，差距比较明显。

3. 地理条件恶化

由于地理环境的变化，常会使得经营变得更加困难。如果美容院的周围增加更多的公寓，人口流动性变大，那么客源就会变得不稳定；如果美容院门前过往的车辆很频，噪音很大，那么，顾客就会渐渐地疏远那间美容院。

但是，即使是这样，对顾客来说，美容院除了可以美化人以外，还可以进行思想交流。因为店方的热情服务，顾客就不愿意到其他店去，如此，就稳定了客源。

然而，事实上，大多数美容院的困难都是由于地理条件的变动而产生的。所以必须尽早地认清地理条件的变化然后尽快地制定对策，这一点是非常重要的。但是地理条件的变化，常常不是很明显。一旦察觉到地理环境的变化，才发现自己的美容院位于闹市区和小吃店的中间，并且被办公大楼团团围住，到时要制定对策，可能就必须花更多的时间和成本了。所以，我们必须注意到这一点，若地理环境变化明显，则制定对策比较容易；相反，如果地理环境变化不明显，那么到发现时再采取对策便会比较困难。这是经营者在开店前必须仔细考虑的一个问题。

二、建立标准的顾客服务流程

顾客来美容院是为了享受优质的服务，放松疲惫的身心。如何让顾客一进店门就马上被吸引，流连忘返，继续光临甚至介绍亲友前来呢？除了在店内环境布置、设备引进等硬件上多花心思外，美容院也不容忽视顾客服务流程的各个细节。想要顾客绝对满意，就必须有一套设计严谨、内容科学、可操作性强、标准的顾客服务流程。

实践证明，下面这套美容服务流程是很有效的。

① 顾客对美容院的第一印象很重要，因此店内装修布置要力求温馨、舒适并有自己的特色，摆设物品一定要整洁优雅；美容师的服装应统一、有本院个性，服装颜色应与院内装饰协调。

② 顾客进门后，美容师主动热情上前问候，保持低姿态，以专业礼仪和专业术语，面带微笑地迎接顾客入内，倒茶引座。让顾客觉得美容师有修养、有气质、专业水准高。

③ 平时注意培养自己的观察能力，对各类外形和姿态的顾客能分门别类地了解他们的需求和心理。在迎接顾客时，通过观察分析，用得体、恰如其分的语言询问顾客是如何得知本院的，并表示谢意。要了解顾客曾做过何种美容，使用过哪些产品等，并认真登记，以表现你做事的严谨，增强顾客的信任感。

④ 邀请顾客到美容咨询台做皮肤检查时，结合自己的实际经验，帮助顾客检查并分析皮肤状况，填写美容咨询卡，并与顾客一起讨论其皮肤保养的一些注意事项。针对顾客的所有皮肤问题进行专业的疗程设计，提出包括饮食保养、日常护理等专业性建议。美容师不单是从理论上为顾客进行科学分析，还要向顾客介绍日常生活中的一些保养细节，而且要说得真诚而有道理，让顾客能放心地把皮肤“交”给你，增强顾客对美容师的信任度。

⑤ 向顾客介绍您为其建议使用的产品及美容保养步骤时，要清楚说明能达到的护理效果，并征求他们的意见（如当天时间不方便，可保留顾客资料，把产品资料送给他，在他有空时再约他）。

⑥ 当顾客愿意接受服务时，美容师应吩咐助手做好准备，并亲自或派助手带顾客放置好随身物品，让顾客消除后顾之忧，安心享受美容服务。

⑦ 请顾客躺在美容床上，调节好灯光亮度、音乐音量等，询问盖的被子、躺的姿势是否舒适等。

⑧ 在顾客面前做好清洁消毒工作，严格贯彻“从一盆清水做起”的卫生原则，向顾客解说每一道护理程序，以提升美容院的专业形象。

⑨ 在服务过程中，根据顾客的心情及当天的身体状况与顾客聊天，音量要适当。当顾客非常疲惫时，美容师可以说“今天请好好休息吧”之类的话，不须东拉西扯；当顾客显得焦虑时，美容师应尽量手脚麻利地处理，并介绍下一步骤，从而缓解顾客的紧张情绪。在放松、舒适的环境和心情下聊天，可进一步加深彼此了解，融洽美容院与顾客的关系。在操作中应随时细心留意顾客的反应，适时调整话题，并询问顾客对本人及本院的感觉，看看还有何建议。

⑩ 护理结束后，用镜子向顾客显示效果，并帮顾客整理好妆容，一举一动都应体现您的细致及专业水准，真诚地赞美顾客“您很漂亮”、“您穿这套衣服很合适”、“您的气质很好”、“您挑衣服很有眼光”等。

⑪ 请顾客到休息室喝茶，并递上一本美容院产品、经营项目等的介绍手册，顾客翻阅时悉心解答其疑问，或直接将顾客带回美容咨询台作进一步沟通。

⑫ 顾客离开时，提醒他是否带好了所有物品，可恰当地赠送精美小礼品，送他到门口，希望他下次光临，态度诚恳，言辞真挚。

⑬ 认真做好顾客资料存档工作，几天后主动与顾客联系，了解情况并进行下次的服务预约，建立友谊，用实际行动感动顾客，留住顾客的心。

这套一条龙的服务看似简单，实际操作起来却有很大难度，无论哪个环节出了问题都会影响顾客的感受。因此，这不仅需要经营者或美容师察言观色，随机应变，还需要美容院内全体人员的配合。各个美容院也可以根据实际情况，规划一条适合自己的服务流程，让员工们都熟记于心，为顾客提供真正周到、高质量的满意服务，并形成本院的整体服务风格，为美容院的稳步发展、持续经营奠定基础。

三、美容院营销策略

美容美发业属于低无形性、高不稳定性服务业，生产的服务产品不能被储存和运输，这是与实物产品最大的区别，因此，服务产品不能均衡地出现在市场上。服务的供给缺乏弹性，服务的供应曲线通常是一条直线。但是，顾客对服务的需求却因时间的不同而有很大差异。例如，节假日、周末进行美容美发的人很多，平常时间则相对较少。如何面对“需求的波动”是美容美发经营者最棘手的问题。

1. 学习别人的经验

在下围棋或象棋时，通常旁观者比下棋的人更能准确地预测大局，从而作出正确的判断。美容院的经营也与此相同。去看一看人家的店铺或与其店主促膝谈心后，就能意外地发现自家店铺内部该改善的地方，以及自家店铺经营的好坏之处。

总之，在知识经济时代，为了发展经营，最重要的还是要多吸引外来的东西，从中学习到适合自家美容院的经验。如果只是墨守成规，那么就犹如一只井底之蛙，永远无法成功。因此，对于美容院的经营者来说，最重要的不只是要懂得美容技术以及服务质量，还要懂得跟上时代变迁的脚步。

2. 效益以服务为前提

如果能预测未来美容院的发展动向，就可根据物价上涨及员工的工资、奖金的提高而调整美容项目的价格。

然而，有的美容院以其不能维持经营为由，一年多次修改美容价格，并且将员工上午休息时的薪水都加在顾客的美容费用中。当然，美容业是一种特殊的职业，采取上述对策也是不得已而为之。但由于美容院过度的价格竞争，常会使其不太注意各项服务工作。

所以，要吸引顾客前来消费，除了采取低价格政策外，最重要的还是要注意服务、卫生品质等方面，让顾客觉得到美容院消费是一种享受。也可以说，“服务品质”是吸引顾客的基本功夫。

3. 对将来充满自信

如果社会形势不稳定，那么要想维持美容院的经营也不会是一件容易的事。因此，必须要学会预测社会形势的发展，采取自我防卫的对策。

然而，由于各种因素造成物价上涨，许多美容院的经营会产生很多问题。尽管如此，仍应设法维持经营。因为“忍”加上机会到来所产生的“力”，就等于“成功”。美容业是人对人进行美的服务行业，因此，顾客的评价是很重要的。如果能得到好的评价，不久的将来就能得到大家的认同。因此，要突破美容院经营的“瓶颈”，就必须对自己过去的技术以及未来的技术充满信心，并鼓励全体员工一起努力。

4. 合理调节供求

（1）改变顾客的需求时间

美容院应通过不同的策略和方法，设法改变顾客的需求时间，减少因供求失衡造成的顾客不满或设备和人员的闲置。具体做法如下：

① 实行差别定价。在需求高峰期，价格定得高一些；在非高峰期，价格定得低一些，增加非高峰期的基本顾客，使美容院的设施和人员得到均衡使用。

② 发展非高峰期的服务，刺激需求。可在非高峰期加设一些特别的或新的服务项目。例如，美容院对非高峰期的顾客可赠送优惠券、小礼品等。

③ 提供高峰期的辅助性服务。在高峰期，为了暂时缓解供不应求的矛盾，可提供一些临时辅助性服务，让等候中的顾客享用，以便留住他们。例如，给等候中的顾客提供大量的美容美发书籍，供其阅读，或给他们小镜子和梳子，让他们梳理，以消除或缓和等候时的不满。

（2）调整企业的服务供给量

根据服务需求的变化情况，及时调整企业的服务供给量，达到服务供求的基本平衡，提高企业的经营效益。可采用以下方法：

① 调整服务的供给时间和地点。比如在节假日延长营业时间，增设临时性服务网点等。

② 鼓励顾客的参与。即鼓励顾客协助服务人员完成一些相应的配合工作，增加彼此的信任。

③ 雇用临时工。高峰期供给紧张时，雇用部分临时性的兼职员工，例如钟点工，以增加高峰期的服务供给量。

④ 加强对美容院员工的交叉训练。使员工成为一专多能的多面手，随时补充其他部门人员的不足。

5. 采取适当的价格策略

在美容美发业市场营销组合中，价格是服务产品得以转化为收入和利润的唯一因素。美容美发顾客对服务需求带有明显的时间性，但美容院的经营能力是相对固定的，而且服务产品又不能预先制作，因此，服务供求在时间方面的矛盾主要靠价格的变动来调节。例如，春节前的美发价格要比平时高，以缓解消费高峰的矛盾。具体定价方法有：

（1）声望定价

在实际生活中，如果某个美容院的声望高，即使价格高，人们也愿意光顾，更有一些顾客希望用购买高价服务的方式来提高或显示自己的地位和声望。

（2）分级定价

美容院的服务项目复杂多样，质量参差不齐，消费者极易感觉到价格上的细微差别，所以没有必要把价格定得过细。一般可以把服务产品分成几个档次，每个档次定一个价格即可。例如：根据员工的职称，如美容师、高级美容师、美容技师确定服务价格，进行职称挂牌服务。

6. 加强质量管理

服务质量大体由四要素构成，一是服务设施，指服务场所、服务设备等固定资产投资；二是服务材料，指形成服务产品中的物质成分，如美容化妆品等；三是外显的服务，指看得见的服务，例如美容院的干净整洁，器具的清洗卫生等；四是隐含的服务，指顾客心理上的感受，比如受重视的程度，社会地位感的满足等。而美容院加强质量管理应从以下几方面入手：

① 将生产流水线的方法应用到服务业上，制定出标准的服务程序。

② 在可能的情况下，用机器代替人。因为机器所提供的服务质量要稳定得多。

③ 建立美容美发业与顾客之间的沟通渠道。因为服务质量的高低在一定程度上取决于顾客的主观认定。

7. 重视宣传和传播

针对服务产品的无形性特点，美容院在进行宣传时，一般应采取这样几种策略：

① 进行形象化的宣传。即把美容美发服务与某种有形物体联系起来进行宣传。比如要求服务人员有颜色鲜明的制服，穿着整齐；请人设计代表美容院的吉祥物或标志等。

② 注意对服务的提供者进行宣传。比如对某个美容技师的技能和信誉进行宣传。

③ 重视宣传美容院自身的形象。

④ 使无形的服务有形化。如给每个服务项目设计一个象征性标志，以增加消费者偏好等。

总之，美容院要进行有效的营销，必须要从不同角度进行策略组合，形成合力，才能达到事半功倍的营销效果。

四、美容院的品质经营

1. 品质管理是美容业的“精华素”

随着中国经济从低层次向较高层次的发展，质量已在社会上引起高度重视。消费者因为质量意识的觉醒，会把手中的钱理智地投向质量好、服务优的美容院。服务品质的好坏直接影响到企业的生存，经营者投资质量管理是避免在竞争中出局的根本保障，它是企业长远发展中能形成商誉的巨大财富。走在美容同行业之先，抓好品质管理，是每一个经营者不容忽视的关键所在。

2. 顾客满意是品质经营的基础理念

在美容业快速崛起的今天，加强品质管理，提高从业人员素质，其目的是留住顾客。谁能取得顾客的信任，谁才是赢家，谁才能生存，因为据有关人士调查：

① 每位不满意的顾客至少会告诉11个人；

② 100个不满意的顾客中，约有4个人会抱怨，大部分顾客会默默地转向竞争对手。

③ 争取一位新顾客所花费的成本是留住一位老顾客所需成本的5倍以上。

④ 对于抱怨的顾客如果能妥善处理，七成以上的顾客会留下来，并且信任度会明显提高。

因此，经常听取顾客的意见反馈，相应改善存在的不足，是不断提高品质经营、留住顾客和行业发展的基础。

3. 对员工的教育训练是抓好品质经营的中心

目前我国美容业服务水平不高，尽管存在产品、体制等方面的因素，但主要原因是从业人员素质不高。目前的情况是“速成美容师”较多，缺乏系统的专业教育。这是由于美容市场发展迅速、市场需求量大、师资力量不足造成的。松下幸之助曾说过：把产品做好之前，先把人的品质做好。人的品质是一切品质的根本。针对这种现状，结合美容院的具体情况，我们应采取的措施是：不埋怨现实，不等不靠，利用自身优势，主动引进“外脑”——国际教育培训。因为切实有效的教育培训能使企业拥有一批较高素质的专业人员，从而获得顾客的信任，公司的效益自然而然地得到提高。

（1）全员关心品质经营

经理和主管要特别注意进修、学习新知识和新经验，提高自身知识水平和品德修养。同时尊重员工的主观意向，使其自觉自愿地投入到工作中，调动员工树立敬业、爱业、勤奋工作、与公司同甘共苦的主人翁精神；鼓励员工进行创造性工作，不断创新和进取，团结合作，发挥团队精神；定期评选品质技术兼优的员工，树立正气，增加凝聚力，形成一种“重视品质，顾客至上”的文化氛围。

（2）进行专业知识培训

除要求一般美容师掌握日常基本技能操作外，重心应放在经理级骨干层上，让他们首先接受先进技术培训，内容包括以下几方面：

① 医学知识方面：由于当今美容产品的“医学”成分较高，并且顾客面部状况（斑、暗疮）多是体内脏腑失调等原因所致，因此掌握医学知识有助于更合理、安全地为美容顾客服务，并得到顾客的信任。

② 心理学知识方面：在社会经济不断提高的今天，人们的生活节奏加快、精神压力不断升级，心理因素造成的身体状况和皮肤状况不良不容忽视。心理沟通可使精神负担减轻，在温馨愉快的气氛下，顾客体内会产生较多的脑啡肽等快感激素，有利于身心的美容和健康。

③ 营养学、营销管理等：可提高员工的综合素质。

（3）进行分层教育培训

① 操作层：一线美容师直接面对顾客，要求他们是熟练的操作者，因此要设计好他们的工作，确保易懂易学、切实可行。

② 管理层：对中层主管和有潜能的人员，除专业知识外，要重点训练其组织管理、协调沟通和行销等能力，尤其注重其品质管理的能力。

4. 坚持不懈地改善是维持品质经营的保证

美容院应用品质经营和学习训练取得了很大的成效，但仍会有不足和缺陷，需要进一步探讨和不断革新。如今的美容业已不再是靠“几张笑脸，几句赞词”就能托起在顾客心中的一片蓝天，而是需要实实在在地提高服务质量。日本石川馨先生在《质量管理入门》中指出：以质量管理为中心的经营不是阿司匹林而是中药，虽然吃下去不会马上退烧，但坚持吃下去既能改善体质又能治愈病症，是一种治本的方法。坚持不懈地改善，需要经营者的决心和全体人员的参与。在坚持教育训练和不断改善品质的前提下，一定会建立起美容业良好的企业文化，迎来美容业蓬勃发展的春天。

五、美容院的心理经营

1. 满足顾客的心理

最近，在美容的技术方面，普遍开始重视心理美容。所谓“心理美容”就是指不管美容院的外表装潢多么美观，如果顾客心里不舒畅的话，那就不能算是真正的美观。

生意兴隆的美容院与经营不顺利的美容院的差别，从一般意义上来判断，其主要原因就在于美容院所处的地理条件、周边环境、设备、服务内容、宣传方法及经营者的谋略等。虽然这些都是经营上的重要原因，但“心理美容”这一项，对于美容院的经营活动有着很大的影响力。

经营者脸色难看、牢骚满腹，会直接影响到美容院员工的心情，影响到他们接待顾客的态度。甚至员工之间也会变得冷言冷语，进而影响到顾客对美容院的印象。当然，在价格相同时，店面装潢、设备越好，就越能吸引顾客。但是，即使美容院的外观装潢得再漂亮，如果内部没有满足顾客要求的气氛，那么这家美容院的生意也是不会兴隆的。

顾客能对一家美容院有较好的评价，多半是因为对那家美容院的服务态度感到满意。对不同的美容院来讲，由于每个顾客都有其独特的个性，因此服务也要适合其个性。例如，对于将参加重大宴会、有时间限制的顾客，和对于不赶时间的顾客，其接待方式也要有所不同。

总而言之，美容院经营兴隆的秘诀在于经营者对满足顾客的要求要有自信心。这种自信心，也可以说是“心理经营”的基础。

2. 表现年轻

如果一间美容院充满着活泼的气氛，且美容院的员工都是由年轻的员工所构成的，那么，到这间美容院的顾客也就能感受年轻的气氛以及服务态度的亲切。自然而然地，顾客下次再选择美容院时，还是会乐意到这间美容院来。

所谓美容，就是指使人的姿容变得美丽的全部技术活动。让顾客心情豁然开朗则是美容的基本技能。

美容技术随着时尚的变化而变化，因此，不断更新美容技术、满足顾客的要求是非常重要的。顾客在美容时，心里总有一种愿望，就是想让自己显得更年轻、更漂亮。年轻的表现，不只表现在人的外表上，更会表现在顾客的心情上。时下追求年轻的顾客，常会为了美化自己而上美容院。因此，重要的不只是注意美容方面的技术，还要注意创造满足顾客、表现年轻的店内气氛。这种年轻，与经营者的年龄、员工的年龄没有任何关联，主要是要将年轻的气氛在美容院表现出来。

所以，美容院经营成功与否，其判断标准是看美容院是否有朝气，是否充满活力。一般顾客在调查美容院的经营内容之前，凭直觉之所以能知道其内情，实际上是根据店内的活力来判断其经营效果的好坏的。

六、美容院的宣传策略

1. 明确宣传诉求

经营者要在有限的预算中使宣传有效果，首先必须要明确宣传的目的，这是非常重要的。宣传目的不明显，对顾客也就没有什么吸引力。

宣传广告有两种表现方式，一是形象广告，另一个是具体的工作表现，如此，才能对顾客产生吸引力。

所谓“形象广告”，即在风景照片等图画的一角附上商品的照片，表现商品形象的方法。例如，有间美容院的一则广告是以巴黎风景照为背景，然后标示出其化妆品等材料都是直接从法国进口的。这就是形象广告。依据宣传的目的，形象广告一方面要在心理上强烈感动顾客；另一方面，具体宣传的内容要有吸引力，要能在顾客心中留下深刻的印象。

所谓“具体的工作表现广告”，就是将美容开业几周年、美容院大事记以及一些具体的工作表现直接作为一种宣传内容的方式。

一般来说，在宣传一家美容院的一项技术时，采用形象广告；在宣传推销、费用、纪念活动时，采用具体的工作表现广告。但是不管哪种方式，处理不好就得不到理想的效果。例如，某美容院的分店开业广告，设计全部采用欧洲古堡照片为背景，只在其中一角用精美的字体写下该美容院某年某月某日开业，并且在图中作一小段开业说明。在散发宣传单时，虽然大家对这张宣传单的评价还不错，但是却发现宣传单不能让顾客注意到店名和开业时间。询问几位来店的顾客，虽然他们看见过这张传单，但根本就没注意到宣传单所宣传的店名。

因此，一张图案精美的宣传单并不一定就有良好的宣传效果。市场上曾经流行一种设计，就是文字尽量少，多留一些空白处，给人一种清晰的感觉。但是当宣传、广告单很多的时候，一般人经常只是大概浏览一下，就将其扔到垃圾桶里，很难注意到宣传的内容。

另一家美容院一年散发四次“美容小格言”的做法，很受顾客欢迎。在折成明信片大小的二级卡片上，按季节不同记载着适时的保养方法、化妆品的选择方法等一些美容知识。有些顾客把这些小卡片小心地保存起来。偶尔也有些顾客因没有得到，还特地去索取此卡。

现今是一个宣传品泛滥的时代，散发到各家庭的宣传品一半以上可能没有被好好地看一下就被扔了。为了让宣传品对顾客有吸引力，必须仔细地对内容进行战略性研究。

有的美容院的经营者自己亲自分发宣传单，亲自到各个家庭的门口投递，以表达经营者最诚恳的心意，这也算是一种宣传方法。

没有要点的宣传、没有诚意的宣传，即使花了不少经费，也没有价值。所以，这个观点是很重要的，即投入宣传费以后，必须要考虑到宣传经费相应的收效，然后从这样一种基本的思考方式出发，去制订顾客和经营者都能理解、接受的计划。

2. 宣传活动必须要有节奏性

一谈到宣传，马上令人想到广告招牌、宣传单等，有些美容院甚至希望宣传后，顾客马上就能源源不断地来到店里。

如果一张明信片、一张宣传单就能让顾客自动来到美容院，那就没什么伤脑筋的问题了。事实上，最怕的就是即使花了很多钱，拼命地进行宣传活动，顾客也没有什么反应。

宣传要有效地进行，宣传的基础是很重要的。不了解顾客心理的美容院，即使作了大量的宣传，结果还是没有什么明显的宣传效果。

美容院不仅要对外界进行宣传，在美容院内部进行的各项活动也很重要。例如，如果美容院的员工待客的态度很好的话，顾客就会很喜欢来，甚至会向亲朋好友介绍，无形中也起到了宣传效果。

到底有效的宣传是以什么方法，如何去打动顾客的心的呢？不明白这一点的人，其宣传活动就无法收到效果。若以为宣传就是把店名写得很大，然后在门口挂上“欢迎光临”，这就大错特错了。

宣传什么、如何宣传，首先必须要有计划，必须考虑到与美容院里员工工作相符合的节奏问题，而且其节奏还必须和顾客的嗜好相符合。音乐尚须有抑扬顿挫才能打动听众的心，所以对于宣传计划，节奏也是很重要的。

七、美容院的价格定位

当前，由于美容行业内部竞争激烈，一些美容院便大打价格战。有些中小型美容院，为了加强自身市场竞争能力，吸引客源，对上门顾客的收费价格一降再降；而有些效益较好、顾客盈门、在行业界颇有影响的美容院，凭借自身优势，反而不断提升收费价格，引起业内外人士的不满和非议。价格是“双刃剑”，变动价格有时能够增强自身竞争能力或获取更多利润，但若处理不当，也会危及自身的远期利益。因此，一个美容院在残酷的市场竞争中求生存求发展，必须对自己的收费标准审慎定夺。那么，该如何定出合理的收费标准呢？这取决于以下几种影响价格的因素。

1. 地域性

就是所谓的“立地条件”。例如大都市和小乡镇，黄金地段与一般地段，交通方便与否，高级住宅区和一般住宅区等。不同地域与条件下，定价自然要有所差异。另外，还要考虑所在地区原来的价格水准，了解该地区其他美容院的收费标准，再衡量自己店的服务品质，制定相宜的收费标准。

2. 美容技术

美容技术好不好是决定价格的一项重要因素，但却不是唯一因素。因此，只要技术达到某一水准即可，应着手在其他方面，如待客服务、卫生等方面加以改善，为价格的提升创造有利的条件。

3. 待客服务

服务态度良好与否对于价格的决定也很重要，有不少以“服务亲切”为号召的美容院虽然价位不低，消费者仍趋之若鹜，由此可知顾客重视服务品质的程度。

4. 店面形象

整个店面设计装潢给人的感觉也能影响价格。有些美容院以独特的造型、景观让顾客有新奇愉悦的感受，顾客自然会认为“多花一点钱也是值得的”。

5. 固定顾客的水准和比例

若固定顾客的水准高，消费能力相对较高，接受高价的可能性会大一些；若固定顾客的比例大，或许因为对该店技术的认同而愿意接受现有的价格，不过一旦价格高到某一程度，那么他们转而到其他美容院的机会相对的也会变大。

6. 原来的价格

一般而言，顾客所能接受的调幅在10%~20%之间，超过原价太高，有哄抬价格之嫌；除非是整个店的形象设计完全改变，服务项目也作了一番变动，这时才能无视原来的价格而执行新价格。

八、美容院的卫生与急救

1. 个人卫生

美容师给予顾客的第一印象是最好和最直接的广告。

首先，专业美容师的穿着一定要非常洁净，必须符合工作内容。如果第一次会谈的表现不能让顾客信任和喜欢，那么，接下来的美容护理工作会更困难，甚至会失去这个顾客。美容师应从以下几个方面来体现自己的个性和修养：皮肤、香水（淡雅型）、化妆（化淡妆）、制服（白色、淡粉）、口腔卫生、手部卫生（指甲修剪整齐，不可涂指甲油）、鞋（色泽适当、舒适）等。

2. 美容院的卫生

美容院的空气切忌干燥、凝滞或有霉味。室温宜保持18℃左右。美容院若安装抽风机或冷气机，空气便会流通，改善美容院的空气质量，调节气温及湿度。

患有传染病的顾客由于会通过接触而传染给其他顾客，所以绝对不能在美容院内接受护理。

美容院的卫生措施及标准应完全遵守政府卫生机构所公布的有关规章，具体要求如下：

① 经常更换消毒设备中的化学药剂。

② 工具在使用前必须放在消毒水或消毒柜中保持卫生。

③ 可重复使用的工具使用一次后必须马上消毒。

④ 使用中的工具必须放置于干净的容器中。

⑤ 碗、盘以及其他容器在使用前与使用后都必须消毒。

⑥ 所有美容器具在使用完毕后必须清洗干净并以酒精擦拭。

⑦ 美容院的光线、温度、通风都要符合标准，卫生情况必须良好。

⑧ 保持墙壁、窗帘、地板、地毯的清洁。

⑨ 随时供应冷热水，提供茶杯、饮水机等饮水设备，并保持这些设备的洁净。

⑩ 屋内保持清洁，绝不可有老鼠、跳蚤、苍蝇等害虫。

⑪ 美容室不可用于煮饭、住宿。

⑫ 地板上的脏东西应随时清理。

⑬ 洗手间必须保持卫生，提供冷热水、肥皂、纸巾以及卫生纸等，同时也要准备带盖的垃圾桶。

⑭ 美容师在服务顾客前及使用洗手间之后要洗净双手。

⑮ 一条毛巾仅能供一位顾客使用，干净的毛巾必须存放于干净、密封的柜子里。

⑯ 平躺时，每一位顾客的头下都应该放一条干净的毛巾做头垫。

⑰ 使用披肩等塑料制品时，不要接触到顾客的皮肤。

⑱ 粉扑、棉花棒、眉毛刷、唇刷、眉笔等类似物品不可共用。容器中的东西必须用小铲或镊子取出，不可以用手取用。

⑲ 乳液、面霜、蜜粉等化妆品必须保存在干净、密封的容器内，使用时可利用消毒棉或化妆棉，使用完毕后要把所有的容器盖好。取出的产品若没有用完，绝对不可以再放回瓶中。

⑳ 所有弄脏及使用过的东西，在使用完毕后必须马上从工作现场拿走。用过的东西不可以和还没有用过的东西混在一起使用。

㉑ 束发带等已经用过的东西，不可再让下一位顾客直接使用。

㉒ 脸部护理或脸部化妆所使用的工具及物品在使用完毕后要洗净、消毒，并且放入不透气的窗口或消毒柜中。

㉓ 美容师工作时应该避免触摸自己的脸部及头发，如果必须如此做，应该在再接触顾客或再使用美容工具之前将手消毒一次。

㉔ 狗、猫、鸟等宠物不得带入美容院中。

3. 美容院急救常识

紧急事故在每种行业都有可能发生，而急救的常识对美容院从业人员非常重要。

（1）紧急事故的处理

美容院如发生意外，应该马上打电话请医生或救护车，如此对发生意外的顾客或员工以及美容院都是一种保障。在等待救护人员的这段时间内，可以对顾客施以基本急救。如有可能，美容院的老板、经理以及所有员工都应该接受急救课程的培训。美容院必须备有完整的急救箱，随时可用。

（2）擦伤

皮肤若因意外而破皮或割伤，应该涂上碘酒、过氧化氢或红药水等消毒药水。

（3）灼伤

灼伤可能由火或电所造成，而烫伤则由热水或蒸汽所造成。灼伤分为三级，第一级灼伤会引起皮肤红肿，第二级灼伤会使皮肤起水泡，第三级灼伤已触及肌肉内层组织，而且可能将组织烧焦。如果发生灼伤等意外事件，如马上用冰块冷敷在被灼伤的部位，可起到暂时性的治疗效果，不过还是需要尽快找医生治疗。

（4）触电

先将触电者移至阴凉处并松开衣服。抬起头部，避免血液循环受阻并施以人工呼吸。不可使用兴奋剂。

（5）中暑

中暑是由于天气太热所引起的一般功能减退毛病，皮肤会变凉、多水分，精神会崩溃。遇到这种情况，必须先将顾客的衣服松开并移至阴凉干净的地方，让其安静地躺着休息数小时。

（6）流鼻血

先将顾客衣服松开，用棉花垫浸入冷水后取出敷在脸部及颈背。

（7）晕厥

晕厥系脑部缺血、空气不好、消化不良、精神紧张等因素所引起，症状为脸部苍白、肌肉失去控制。晕厥者的呼吸及血液循环都会暂时中止，若顾客出现快要晕厥的前兆时，应把顾客的头部置于其双膝之间，如此可使血液迅速流至头部，从而使情况好转。晕厥者的衣服应该松开，室内的空气必须流通，并令顾客斜躺，头部应比身体略低，使血液较易流向头部。顾客如果尚有知觉可让其吸入一点氧气或喝一点提神的饮料，如热咖啡、热茶或热牛乳。假如顾客已经失去知觉，应立即找医生急救。同时，可用冷毛巾擦拭其脸部、胸部，不过绝不可以直接将冷水泼在顾客脸上。

（8）癫痫症突发

癫痫症突发是一种精神异常的毛病，症状为不省人事、脸部扭曲、口吐白沫、眼珠滚动，此时应该马上叫救护车。在救护人员尚未抵达前可令顾客侧躺，并在顾客嘴中垫一支笔，免得咬伤舌头。等顾客醒来后，可以让顾客饮用一点温和的提神饮料。如果顾客在病发后睡着了，不要打扰他，让他自动醒来即可。

（9）紧急状况的处理

为了应对上述一些紧急事件，每一家美容院的电话机旁边都应该贴一张记有消防队、公安局、急救中心或附近医院急诊室、出租车公司等机构的电话号码的卡片，以备急用。此外，还需备有美容院老板、经理以及所有员工的宅电，遇到紧急状况时可以马上联络。

另外，美容院的所有人员必须清楚美容院建筑的出口，一旦遭遇火警或其他紧急情况时可以从出口迅速撤离。灭火器与急救箱应当定期检查，放在很容易拿取的地方，而且每位员工都应该知道如何使用灭火器。

4. 预防美容院里的“交叉感染”

随着美容业不断地朝着科技化和规范化的方向发展，作为各项美容技术基础的预防“交叉感染”应得到美容界的高度重视，并进行严格规范。

美容院因缺乏起码的消毒知识和无菌观念，而使顾客遭受不同程度身心伤害的事件时有发生。比如：使用没有消毒的毛巾、脸盆、各种仪器等，污染和传播“接触性传染病”；使用没有消毒的暗疮针以及不正确挤压暗疮，可导致皮肤感染、化脓甚至败血症的发生。因此，预防交叉感染作为美容院中至关重要的环节，美容师们应予以高度重视。

预防交叉感染，首先应建立严格的消毒制度：保持美容室空气通畅，上下班时用消毒液拖地、擦拭桌椅、喷空气清新剂；工作人员上班时应衣帽整齐，治疗前应先洗手；顾客使用的脸盆应每日用消毒液浸泡，毛巾每日高压消毒，或用煮沸法或浸泡法消毒；取护肤品时不能直接用手挖取，而应使用专门的调刀等取用，并将调刀每晚浸泡消毒；正确使用各种消毒方法，掌握消毒液浓度、时间、配制方法。常用的消毒灭菌方法有：暴晒法、煮沸法、高压蒸汽灭菌法、喷雾法、浸泡法、擦拭法等。

此外，应该做到：室内设通风装置，保持空气新鲜；严格执行无菌操作；美容护肤应尽量不要混合用药，以防医源性微粒产生；洗面剂应选用水溶性物质，而避免使用肥皂等硬性油脂的物质，防止产生微粒污染，造成皮肤毛孔粗大、皱纹产生等。

九、建立一套简单有效的记录系统

1. 业务记录系统

经营美容院需要建立一套简单有效的记录系统。

进账与开支应有正确完整的记录。进账通常分为服务项目的进账及零售产品的进账。而开支则包括房租、水电、保险、薪水、广告、修理以及仪器设备等。所有的生意往来都应该记录，如此才能保证有详细的资料，使美容院的经营更有效率。

每日的营运记录可让美容院老板了解生意的情况，而每周或每月一次的摘要记录更有利于美容院进行日常的工作，如了解订购的必需品、产品使用的情形，控制开销，减少浪费；与往年的业绩作比较；发掘顾客的喜好及需要的改变。每一笔开销与美容院的盈亏都有直接关系，正确的记录可以计算经营的成本。

每日的销售项目及销售数量还有现金账至少要保留半年以上。薪水单、作废的支票、每月及每年总账之报表至少要保留7年。服务记录与盘存清单也应妥善保存。有系统的盘存制度可以避免进货过多、供应短缺，年底时可作计算净利的根据。

服务记录应该包括顾客的姓名、地址、电话、消费日期及消费额、使用产品、护理结果，同时注明顾客的喜好。服务记录中应该记载每一位顾客所接受的美容护理以及所购买的产品，美容师可根据记录定期提醒顾客前来接受继续护理以及补充化妆品、保养品，如此有助于增加美容院的生意。

所有仪器设备、产品都必须定期盘存，并按用途及零售价格分类。美容院本身所消耗的物品以及零售给顾客的物品必须分开记录，不可混淆不清。盘存记录中可以发现哪些产品销售得最多，而这些销售业绩好的产品应随时注意订购，绝不可以缺货。

盘存是进货最佳的依据，购进的产品最好能在预定的时间内消耗或销售，进货稍微多一些总比缺货要好。

预约记录可帮助美容师安排工作时间，根据顾客的习惯，为其提供最快速、最完善的服务，避免在时间及金钱方面的浪费。

2. 顾客档案记录系统

在纷纷扰扰的商海中，商家无不使出浑身解数以求发展。在追求时尚美的美容院之间，竞争也很激烈，没有出类拔萃的技术和动人心弦的服务，如何能傲视群芳？

动人心弦的服务要从细微处下手，给顾客建立一个考虑完善的美容档案卡，一定会让你出奇制胜，这体现出你“我为人人”的经营理念。

一个为顾客量身打造的美容档案卡相当于医院的病历，它能随时给进行美容操作的美容师提供有关顾客美容的信息资料，比如肤色，皮肤类型、厚薄、敏感度，丘疹、色斑、痣、痘等皮肤病损的部位、形状、大小，还能了解皮肤护理的计划，及顾客在接受皮肤护理过程中的表现、护理周期及用药情况。这些细微之处是服务质量的体现，也让顾客感觉呵护备至，好感骤升！

量身打造的完善的档案卡，应有专人负责保管，并建立相应的制度。对首次来美容院的顾客，由负责保管档案卡的工作人员填写卡片的常规项目，并对其编号，有关具体的美容服务内容则由美容师填写；对于已建档的老顾客，当其再次到美容院作护理时，应及时调出该顾客的档案卡，填写本次服务内容，并对比上次皮肤护理后的进展情况，作出本次的护理计划和建议，填好卡后交回保管处。

美容院在给顾客建立美容档案卡时应注意以下几点：

① 详细记录顾客皮肤的类型及面部出现的瑕疵。

② 认真记录每次的护理计划和家庭护理情况。

③ 准确记录顾客接受护理后的进展情况，以确定下一步保养计划。

做到这些其实并不难，这样小小的卡片投入将为你带来意想不到的效益。

十、美容院的电话销售

电话是如今商业活动中不可缺少的工具，也是美容院生财的工具和不可或缺的设备，每一次的电话都可能做成生意。美容院可充分利用电话开展业务，良好的电话礼貌及沟通技巧可使美容院提高经营业绩，而且可以赢得顾客的友谊，建立良好声誉。

1. 电话业务在美容院的应用

电话对美容院的成功经营是非常有帮助的，如果能妥善利用，生意一定会蒸蒸日上。

① 以电话确定顾客预约或取消预约，可以合理高率地安排工作时间。

② 通过电话预约可以开发新顾客，让顾客有受重视的感觉。

③ 可以提醒顾客使用产品、购买产品及了解顾客近况。

④ 通过电话回答顾客提出的各种问题，提供完善的售后跟踪服务。
⑤ 通过电话调节顾客的不满情绪，受理顾客的投诉。
⑥ 通过电话让顾客接受新的信息和资讯。
⑦ 通过电话促成顾客购买新产品。
⑧ 通过电话与顾客联络感情，建立顾客忠诚度。

2. 美容师接听电话应遵守的基本原则

① 口齿清晰，说标准的普通话，言辞正确，语气诚恳，声调柔和，令人愉快。

② 接电话的动作要快，让顾客拿着听筒等你慢吞吞地来接是最不礼貌的，也是最让顾客反感的。

③ 应该能马上回答顾客的问题，如果无法立即回答，必须礼貌地让顾客稍候片刻。

④ 回话要有技巧，不可冒犯顾客。平时应注意电话礼貌，多说“谢谢”、“对不起”，让顾客来结束谈话，在顾客未挂断电话之前不要先行挂断。

平时培养良好的电话礼仪与技巧，有助于建立美容院与顾客之间的友谊，促进销售业绩和建立美容院的信誉度。

3. 电话预约的技巧

（1）电话预约有一定的目的性

做任何事都不能盲目去干，正所谓“工欲善其事，必先利其器”。美容院工作人员在接电话时，必须先理顺自己的思维，找出恰当的方法和表达方式。电话预约一定要对顾客产生“重要的感觉”、“有价值的感觉”、“有兴趣的感觉”、“有好奇的感觉”。

（2）谈话内容

要事先界定谈话内容，在电话中要突出对方感兴趣的问题，可事先设计好电话台词，如进行顾客跟进服务或销售产品，可在电话中鼓励与顾客见面。

（3）口语表达的方式

美容师在电话中的语音应该清晰，音量适中。假如顾客听不懂或听不清楚你讲的话，那么再悦耳、动听的声音也没有意义。用悦耳的声音配合充满感情的语调，来表达你的心理诉求。语言上则尽量使用专业性术语，让顾客对你产生信赖感。

（4）负责电话预约的美容主管应具备的经验和资格

① 对每一位美容师的工作品质都应有所了解，以便及时应答顾客。

② 向美容师指派工作时，要判断准确，力求公平。

③ 要清楚地记录顾客姓名、服务项目以及预约时间、预约哪位美容师。

④ 对美容院的所有产品、价格、服务项目都应了如指掌，对答如流。

⑤ 预约时间的分配与间隔要妥善安排，才能提高美容院的工作效率。

⑥ 为了避免顾客失约或迟到，顾客预约前一天最好再次电话联络顾客，既可对顾客表示重视与尊重，又可提醒顾客准时并形成良好的习惯。

4. 其他注意事项

电话服务对美容院的成功经营是非常有帮助的，因此美容院应重视这一项工作。

① 指定适当人选来接听电话，电话响起的前两声就能拿起话筒应答。接电话的员工一定要对美容院的业务有通盘的了解，各种服务项目及产品的价格要牢记在心，能够立刻回答顾客的所有问题，并且还能向顾客建议最完善的服务。

② 电话应摆设在方便、安静的地方，座位要舒适。电话机旁边随时准备预约簿、顾客记录卡及笔。

③ 接听电话除了遵守必要的基本原则之外，语气热情、礼貌也是相当重要的。

④ 接电话者应首先报出美容院及自己的名字，然后请教有何可效劳之处。

⑤ 接电者应通过热诚的态度，让顾客觉得美容院很高兴接到他的电话，更乐于为他服务。

⑥ 不管是与顾客友善的聊天还是谈生意，最好在记录簿上记下谈话内容的重点，可避免遗忘，如此才能提高办事效率。

十一、美容院的咨询服务

美容心理咨询是美容师与顾客沟通、交流、互相理解的最重要途径，良好的咨询可以使顾客对美容师日后所进行的专业服务更加信赖。而要进行美容咨询，对于一位专业美容师来说也是一项颇具挑战性的任务；而柔情、诚信和人情味，则是从事美容咨询工作时的三个必要因素。

1. 理解顾客是美容咨询的前提条件

美容师若能和顾客达到充分交换意见、相互沟通的程度，表示美容师已经获得顾客相当的信赖。为了取得顾客的信赖，美容师必须具备良好的人品、亲切的态度、优雅的语言以及诚信等条件。另外，保持亲近顾客的心态和具体行动，也是建立信赖关系的重要因素。

在一般情况下，进行咨询时，如果能全神贯注地倾听顾客对美容问题的诉苦，并更进一步去理解顾客的苦楚或期望，与之产生共鸣以及站在顾客的立场提出解决方案，顾客会认为眼前这位美容师能够信任和理解自己，自然会产生对美容师的信赖感。

2. 良好的沟通咨询取决于首次的印象

美容咨询的第一步开始于美容师和顾客初次见面的瞬间，即给顾客留下的第一印象。

通常，顾客首先会以第一次的印象来判断此美容师是否健谈、投合，以及能否信赖等概略性评判。其次再看着美容师的面部表情及肌肤状态，观察他是否为令人信服的美容专家。假如一位美容师本身的皮肤问题比顾客还要严重，如此，即使对顾客提供再好的建议，也很难获得顾客的信赖。

3. 进行咨询时的"两不"

（1）切勿采取单一模式的咨询方式

单一模式的咨询方式是永远不利于美容咨询工作的。由于来美容院的顾客都是带着不同的皮肤困扰，希望前来获得皮肤上的专业护理和心理上的解放。所以美容师就要以严肃而认真的姿态随时随地注意观察顾客个性化的皮肤状况，以作最确切的应对和收集正确的资料。

一天中面对连续不断需要咨询的顾客，很容易造成千篇一律的对话。而美容师对咨询工作愈是驾轻就熟，就愈容易以同一机械化意识来接待每一位顾客。这样不但不能正确听取顾客因人而异的问题，也不可能提出确切的解决方法或建议，美容师和顾客之间很有可能因为这一偷懒的不负责任的做法而无法建立进一步的合作关系。

（2）对顾客不应有差别待遇

在接待顾客时，美容师最忌讳看到常客就亲切地殷勤招待，而对不常来的顾客就爱理不理；或是对自己喜欢的顾客就优先接待，并多花时间热心咨询，不合意的则冷冷淡淡谈不上几句话就草草结束。

身为一个美容师，尤其在咨询时，绝对不能感情用事、见风转舵，切忌对顾客有差别待遇的行为。

4. 从事美容心理咨询应具备的基本素质

根据美容院的日常经营管理经验，现将从事美容咨询服务时应注意的要点叙述如下。

（1）说话的方法

和蔼可亲的语调带有说服力的说话法为最佳。说得太快而使对方听不清楚的速度，会使顾客不能平心静气；高声叫嚷则令对方坐立不安；而声音过低却一直喋喋不休，对方会累得连话都不想讲。

说话的要领是，面带笑容，平视对方的眼睛，视顾客对谈话内容的反应再继续说下去，并设法与对方说话的节奏保持一致。而对于顾客非常在意或涉及隐私的问题时，就应放低声音作相关建议。这种为顾客着想的说话方法会增加对方安心感，咨询也会顺利进行。

（2）聆听的方法

聆听是美容咨询的最重要的部分，而聆听方法的高明或拙劣足以影响咨询后所要进行的美容技术服务。

高明的聆听方法，就是要没有成见和偏见，并且采取“专注聆听”的姿势。“专注聆听”就是心理不能有障碍、拘束，要专心聆听对方说话，以理解对方。美容师若在聆听时，心有旁骛或感情有所偏颇，所听取顾客的话就会像经过过滤网，再也不是顾客原本的意思了。

如同“善言者即善听者”所言，若美容师善听，顾客就会无话不说，吐尽心事而后快，随之对美容师所传达的话就会照单全收，而美容师说话的内容就有增强说服力的作用。

以下为聆听时应遵循的基本原则：

① 在听对方说话的途中需适时回应，可使谈话顺利进行。但不可在谈话告一段落时作评论或批评，要使顾客作完整的表达。

② 聆听时，不可板着脸孔或毫无表情，需配合顾客的喜怒哀乐来改变表情，但不可太夸张。

③ 聆听时，脸一定要面对顾客，注视对方的眼睛。

④ 听清楚顾客的心事，彼此获得共鸣，此时不要将想法藏在心底，要化成话题回应对方，让双方感到彼此可以沟通，使咨询可以顺利进行。

⑤ 不需过分勉强就能够尽量了解顾客想法的谈话法为最佳。然而，由于顾客心中也有难以启齿的事，所以美容师若紧紧追问，反而会有负面的效果。

⑥ 当美容师和顾客在沟通时无法取得步调一致，就该停下来，配合顾客的

步调，并且调整自己的节拍，如对方喝口茶，自己也可跟着喝一口，适时做相同的动作，让顾客有亲切感，对聆听法也很有效果。

（3）态度与言语措辞

为了缓解顾客的紧张和不安感，美容师首先不要摆出居高临下的姿态，而要以轻松平和的态度面对顾客；不可以敷衍的态度谈话，否则，顾客也会跟着随便或不自然。在谈话时，为了不使顾客的精神和心情散漫下来，美容师在咨询时，不可有以下的态度：

① 用手抓着垂在脸旁的头发，或有搔头的动作。

② 玩弄手指、指甲或剥指甲油。

③ 左顾右盼，东张西望，精神不集中。

④ 动作夸张或摇晃身体，沉不住气。

⑤ 左右摇动坐椅，做出漫不经心的动作。

⑥ 将手臂放在桌上说话，脱鞋或摇晃脚。

在言语措辞方面，说话要有礼貌，并根据顾客年龄不同，分别使用不同的礼貌用语。

（4）穿着打扮

① 注重整体清洁感：在美容院里须穿工作服，应以整体的清洁感为穿着和打扮的基本原则。

② 穿着应具有良好的活动性：美容师要注意自己的穿着在工作时是否适宜，并应注意如下事项：

· 鞋子是否适宜走动，脚是否会发酸。

· 饰品（耳环、项链、手镯）是否太大，是否妨碍工作。

· 发饰、发束是否过于花哨、显眼。

· 口袋是否因放置重物或杂物而鼓起来。

③ 化妆及发型的要求：化妆要使人感觉自然、清新、有精神，要以适合自己特点的色彩或加强局部的修饰，使装扮更具个性化。

5. 运用美容咨询的方法和技巧

（1）美容咨询记录卡

为了正确判断美容咨询所得的资料，并结合专业的美容服务，美容师在从事咨询工作时，皆应使用咨询记录卡，并依此正确记录，以便全面掌握顾客的状况。

记录卡所记录的事项，除顾客姓名、出生日期、身高、体重、住址、联系电话等基本资料外，也有必要了解顾客的健康状况和睡眠状况。也可以设置记录顾客兴趣或喜爱色彩的栏目；或记录其住宅环境、工作环境、自然环境等。如果是有职业的人，其工作内容最好也一起记录；若能再记录顾客的饮食生活习惯，则将是一份相当完善翔实的美容咨询记录卡了。

（2）美容咨询技术

平时在为顾客作脸部按摩时，不但要知道从皮肤表面即可察觉的症状，如痘和斑点，还必须了解该顾客的肤质倾向。除借助皮肤检测仪详细检测顾客肤质外，还有必要询问其过去的肌肤状况以及曾出现过哪些肌肤问题。

其次，要了解顾客来美容院的目的为何。例如，是为了从心理上借由肌肤的改善来改变心情的苦闷，还是为了从生理上解决肌肤的毛病；是为了寻求心情的平静，购买化妆品及保健品，还是为了结婚而想要改善肌肤的状态，等等。事实上，并不是所有来美容院的人都为了达到相同的目的。如果美容师无法在进行咨询时充分把握顾客来美容院的目的，那么这个过程将失去应有的意义。

对于前来寻求服务的顾客，在了解顾客的苦恼原因和要求之后，应再继续咨询其是否因看到宣传海报或经人介绍才来美容院的。由于促成顾客美容动机的因素有很多，可借此了解顾客对于美容的认知程度如何。

另外，对于不同个案的了解，可使顾客深入了解整个状况，也是很重要的。例如，对于那些为了青春痘而苦恼的人，美容师必须解说青春痘形成的原因、恶化的理由、需要进行哪些项目的美容专业治疗以及日常保养应注意的事项等。

同样，如果顾客是很在意雀斑、肌肤老化以及健康衰退的人，美容师也要给予适当的生活指导，告之造成肌肤老化的原因，该用什么方法保养修复以及从各方面来探讨原因。

一般而言，顾客一定是为了消除自己的苦恼才会抱着希望来到美容院寻求解决的方法。然而，有许多美容师却没有足够的专业知识可以应对，在专业技术上不够纯熟而使功效欠佳，或者无法全面地指导顾客的日常保养，导致顾客的不满而流失。因此，为了能正确处理顾客的各种咨询，美容师必须加强专业美容方面的相关知识，才不会言之无物，令人贻笑大方。

（3）美容心理咨询须知

进行美容心理咨询应该是一件很细心的工作，尽管已知进行的各个步骤也必须很仔细地思考、观察才能下结论。以下是咨询时所必须注意的微观面。

① 首先必须详细了解顾客来美容院的目的。

② 常站在顾客立场，创造亲切的人际关系。

③ 依据顾客的性格，询问能够与其知识程度及心理对应的问题。特别是有关顾客审美观和审美要求的问题，须挑选可获得具体回答的问题。

④ 美容师要以自信与诚恳的态度来解决问题，建立与顾客之间彼此信赖的关系，并导出正确的答案。

⑤ 详细评估顾客的身体状况、日常生活方式和生活环境等情况之后，简单扼要地向其说明将来要进行的美容护理项目、方式以及美容效果。

⑥ 提供并说明简易的居家保养方法，使顾客能尽力与美容师配合，以提高美容功效。

⑦ 根据顾客事先的预算和期望的美容服务，为其设计合理的美容疗程，建立一种令顾客满意又有效果的（个性化的）顾客选择型费用制度。

⑧ 绝对不可采取顾客被动式的谈话法接待顾客。

6. 美容环境对美容咨询的重要性

美容院的服务项目中，美容师直接和顾客对话，进行美容咨询以及进行皮肤检测触诊，会对顾客造成绝对直接的影响。但是，还有另外一项不能忽略的间接影响，就是足以左右顾客情绪的美容环境。

生活中，人们不断地受到周围环境的刺激，通过五感传入体内的快适刺激愈多，快适度即愈充足，理所当然的精神上和肉体上就愈满足。

来到美容院的顾客各有不同的目的，有的是期待面部明显的改善效果，有的是抽出时间来舒舒服服地休息一下，有的则为结婚日期迫在眼前而来美容。不论顾客的目的为何，美容院都应积极配合，创造更具舒适和以人为中心的温馨的美容环境。而这些构想主要是以音乐、香味、照明及配色等条件来实现的。

（1）培养美容咨询室的气氛

① 利用空间营造气氛。美容咨询室必须要求是在安静的气氛中和顾客谈话的场所。对于初次来美容院的顾客、问题较严重的顾客或对美容院存有猜疑心的顾客，更需要好好利用咨询室的优点来接待他们。在单独咨询室进行咨询的优点是，顾客会因别人看不到而有安全感，也因无周围环境干扰而尽情地表达，所以美容师很容易收集齐全顾客的资料，当然也更容易传达顾客所要咨询的内容。即使不是独立的房间也无妨，在美容室的一角也可以进行咨询工作，但环境必须安静。咨询室一般不可设在封闭的场所或完全封闭的房间，这样反而使顾客更为不安。

② 利用香味来营造气氛。改造气氛最有效的方式为使用芳香精油，美容院可在各种场合利用香味来改变气氛。利用芳香精油作心理治疗，是芳香疗法的

一种，主要是透过嗅觉令人感到舒适的方法。由于对芳香的嗜好因人而异，所以利用芳香法必须遵守“公共场所适宜公众，个人场所适宜个人”的原则。

（2）利用“五感”的美容咨询术

美容快感刺激中，以“五感”中直接被抚摩皮肤而得到的触觉刺激最为明显，其他的听觉、嗅觉、视觉及味觉四种感觉为间接刺激。若以提高咨询效果的观点来考虑，如何培养五感的环境在美容综合评价中占有相当重要的分量。

① 听取顾客说话法。听取顾客说话时，美容师和顾客距离不宜靠太近，也不能太远，只要彼此能够自然听清楚说话即可。聆听时的座位有采取面对面和并排的方式。面对面的优点是，可以从正面听到对方的声音；并排则比较容易传话，有利于建立亲密感，沟通意见快，而且容易掌握顾客的全盘状况，能够观察到手、脚以及身体的一举一动细节。若咨询室的空间较广，活动自如，面对面的方式也能达到充分沟通的目的。

② 利用触觉。在对话时为了要进一步地确认症状，可配合适当的触诊动作，这会比问诊或视诊更直接地了解顾客的问题所在。不过在抚摩顾客的肌肤时，首先要注意清洁。最好是先洗好手，或先准备好酒精消毒液。

③ 利用视觉。聪明的美容师应该将视觉咨询的用品，如皮肤结构图（剖面图）、皮肤检测仪和电脑软件画面等和空间照明、光线、挂画、花盆等装饰品结合起来，以吸引顾客的目光，从而提高咨询效果。

使用皮肤检测仪和电脑软件画面进行皮肤检测和美容咨询时，要明确说明顾客目前皮肤症状和症状的位置，否则，顾客会搞不清楚到底是怎么回事。同时，美容师也应视对方的反应，考虑该说明到什么程度。

④ 利用听觉。大部分的美容院都晓得利用刺激顾客的听觉以改善其心情，如播放轻音乐。因为美容调查机构发现，音乐对于美容院的重要性要比照明、壁色、芳香味等条件来得更为重要。美容院咨询室应选择能够放松心情的、不妨碍谈话的轻音乐为主，节奏起伏不会太大的无名曲或音低、音差小的歌曲为首选。也可配合季节选用不同的背景音乐，如夏季可选用感觉清凉的“溪流音乐”，只要考虑周到，选择关怀备至的音乐，美容师和顾客一面听着令人舒服的音乐一面谈话，沟通意见的效果也就会提升了。

美好的美容环境能够刺激顾客的五感，借由视觉、听觉、嗅觉、触觉的舒适感和安心感，可使美容心理咨询更具效果。

十二、美容院的促销活动

1. 美容院进行促销的目的

①吸引人潮，提高顾客入店比率。
②改善并提升美容院的专业形象和良好口碑。
③拓展商圈，开发新的客源。
④ 稳定客源，提高忠诚顾客比率。
⑤ 提升顾客人均消费额度。
⑥ 推出独特的销售或服务主张。
⑦ 改变季节性营业格局或竞争格局。
⑧ 刺激营业额。

2. 影响美容院促销的因素

美容院若要进行成功的促销活动，必须具备以下几种因素：
① 美容院的口碑形象。
② 美容院的地址、交通便利性及顾客特性。
③ 美容院的服务水准。
④ 美容院的服务项目设置。
⑤ 美容院的店内气氛。
⑥ 美容院的使用产品功效。
⑦ 美容院的专业技术。
⑧ 美容院的策划能力。

3. 促销策划的程序

（1）遵循并活用“6W2H”的原则
Why：为何要推行促销活动？即进行促销的原因是什么？
What：推销什么，是美容项目、新产品，还是店铺形象？
When：什么时间举办促销活动？促销时间是多久？
Where：什么地方举办？是在店内、商场，还是闹市区？
Whom：促销对象是谁？是哪一个层次的顾客群？
Who：由谁负责执行？即由谁策划、统筹和操作执行？
How：用什么方法执行？如消费至多少可获赠品或抽奖？

How Much：支出多少？此次促销活动需支出多少广告费？礼品价值多少？印刷费需多少？需支付多少加班费？能增加多少订货量？

（2）收集资料

界定促销主题，提出促销目标，选定促销方法、时机，编制初步的促销方案、预算。

（3）准备工作

促销实施前的相关专项培训，准备相应的促销用品；产品库存盘点、登记；促销用各类统计表格的准备。

（4）监控

正式实施促销，对整个促销过程实施监控。

（5）评估

促销结束后要进行效果考评，总结促销活动的得与失。

4. 常用的促销方法

（1）派发宣传单

宣传单设计要独特，有吸引力，并且有针对性地定期派发。

（2）主动行销

没有顾客时，不要只顾闲扯、看杂志、睡觉，被动地等顾客上门，而是要主动地与顾客通过电话联系。通过建立良好的关系，鼓励他们介绍朋友前来接受美容服务。

（3）专职或兼职人员促销

可将顾客发展成专职或兼职业务人员进行促销推广活动。

（4）大众媒体上登广告

根据美容院的状况制作广告，并根据费用选择有效的传播媒体，如报纸、杂志、广播电台等。

（5）产品说明会

定期在店内或附近场所举办一些美容项目或保养专业知识讲座及介绍示范会。

（6）互动经营

与附近一些影楼、餐厅、商场、服装店合作，印发大量优惠券互相赠送，让同一群体顾客共同消费、共同受益，令各商家资源共享。

（7）电视广告

时间短，收费高，但短时间内覆盖面广。

（8）公共关系

公共关系的特点是：一定要大、新、奇。

（9）在专业杂志报章上开辟专栏

这种方法可大大提升美容院的专业形象。

（10）联合促销

如举办小型促销会，可采用降价优惠促销、免费赠品或抽奖活动等。

关于具体的促销措施与方法，笔者在《美容院经典促销策略与案例》中会有详细介绍。

5. 促销活动应注意的事项

① 促销讯息可通过来店顾客的宣传、邀请函的派发、广告媒体、店内布置及营造气氛等来传达。

② 必须有明确的“促销活动实施进度及分工协作计划表”。

③ 所有员工都必须知道自己的职责、任务，并按期完成。

④ 大型及特殊的促销活动应对收银、接待等环节工作人员进行专项训练。

⑤ 对促销活动必须有完整的记录。

第四章
美容院员工管理

一、美容院员工职务描述

1. 美容院院长（店长）职务描述

① 解释本美容院的服务意识，培育店员的敬业精神，合理使用人才。

② 制订工作计划，分工明确，协助店员达成目标以及提升店员的技术和销售能力。

③ 分析顾客的意见，解释服务目标及标准，与同事共同制订改善服务的方法，以身作则，执行服务承诺。

④ 定期了解客源拓展情况和市场竞争动态，并分析形势，拿出对策。

⑤ 订立公正、合理、有效的奖罚制度，协调店员之间的关系，维持良好的纪律。

⑥ 督导日常工作，保证美容院各环节的正常营运和高质量的服务。

⑦ 选择优质的产品为顾客服务，确保产品效果良好，质量稳定，物有所值。

⑧ 合理布置院内设施摆放，尽可能方便顾客。

⑨ 定期培训员工，以提高服务素质。

⑩ 依照市场情况，制定合理收费价格，并明码标价（包括护理项目、产品），树立良好的信誉。

⑪ 播放适宜、抒情的音乐调节气氛。

2. 财务管理人员职务描述

财务管理人员主要负责美容院的财务管理，具体工作事宜如下：

① 盘结每日营业收入及管理费用。

② 填写、核对、整理美容院财务月报表，分析总结本月经营收支，并向上级主管提供增收节支和资金运用方面的参考意见。

③ 每月及时填写、核对和整理“产品销售报表”，及时提供畅销、滞销

的信息。

④ 每周填写周报表，反映本周的购进、销售、库存、损耗情况，及时递交给院长，以便订立下周的销售计划。

⑤ 制订月、季、年度及节假日促销费用计划。

⑥ 整理好客户档案，统一存档。

3．美容顾问（前台咨询顾问）职务描述

美容院里，最先与顾客接触的便是美容顾问，他们工作的好坏直接影响到美容院是否能吸引并留住顾客。美容顾问的职责主要包括：

① 热情周到地接待来访顾客。

② 详细了解顾客曾使用过的产品及做过的护理项目。对于老顾客，先查阅客户档案，再为顾客服务。对于新顾客，美容顾问应以专业态度认真询问顾客的情况，包括曾使用过的产品，曾做过的护理项目，对以往的产品或护理满意与否等。通过沟通，了解顾客的需要情况，评估顾客的消费水平等，以便选用合适的产品及美容项目。

③ 为每位顾客建立客户个人档案，将上述询问过的资料作详细记录。

④ 详细分析顾客皮肤，并为顾客设计护理课程（美容顾问需让顾客清晰地了解该项课程针对的是他哪种皮肤问题，完成该课程能达到哪种改善效果，如何选择家居护理产品等）。

⑤ 安排美容助理及美容师为顾客作护理课程。

⑥ 繁忙时，仍应以热情的态度招呼每一位顾客，对需要等待的顾客，及时送上饮品和休闲杂志。

⑦ 顾客做完护理后，让顾客稍微休息，并同顾客闲谈一下，如为顾客建议家居护理项目。

⑧ 为顾客开单结账。

⑨ 定期电话跟踪服务，在适当的日子赠送小礼物给顾客，保持良好的客情关系。

4．美容师及美容导师职务描述

美容师及美容导师是美容院最重要的组成部分，其技术水平的高低决定了美容院的服务质量。其职责如下所述：

① 准时上下班，穿统一工作制服（佩戴识别卡），淡妆，精神面貌良好，上班必须穿工衣，涂口红，剪指甲，勤洗头等，不得戴手部饰物，注意个

人卫生。

② 保持（美容院）公司内外卫生，所有器具须保持卫生整洁、陈列有序。

③ 整理清点零售商品，及时填写补货申请单，补充缺货品种。

④ 应具备熟练的操作技巧和推销产品的能力，专业的护理技术及手法、产品配套推销、专业知识培训及演讲“三合一”能力。

⑤ 提供服务时应细致入微，热情周到，规范使用礼貌用语，诚恳征询顾客意见、要求，并及时向上级主管反馈信息。

⑥ 以客观公允的态度面对投诉，态度和蔼、语气婉转地给予解释。

⑦ 配合、协助上级主管拟订各项工作计划、完成各项经营管理任务，并积极参与各项宣传促销活动等。

⑧ 认真学习产品知识和专业技术，提高自身素质和专业技能。

⑨ 保守美容院之机密，严禁外传。

5. 美容助理职务描述

美容助理在美容院中应做好如下工作：

① 每天开门营业前，打扫店内卫生一次，午饭后再打扫一次。

② 摆放好陈列柜的产品，保持一尘不染，并定期更换，以减少损耗。

③ 收拾好仪器用具，确保井井有条。

④ 有顾客到来时，必须主动向顾客问好，并引领顾客到休息区，递上饮料或茶水，然后通知美容顾问跟进。

⑤ 美容顾问为顾客订好护理课程后，美容助理需按客户档案配好当次的护理用量，并送到该顾客的美容小架上。

⑥ 及时向院长反映损坏之物品（包括装修、设施、电器等），以确保正常营运。

二、美容院员工岗位职责

1. 店长（主管）职责

① 负责美容院的管理工作，按照公司的经营目标，制定方针和政策，及时实施与调整。

② 负责员工的工作安排、行为的管理和考核，做好工作报告呈交公司。

③ 对员工进行技术培训。

④ 收集市场信息，及时反馈给公司。
⑤ 制定宣传推广方案。
⑥ 负责员工及美容院的安全监督。
⑦ 督促美容院的店容店貌、环境卫生和员工的仪表卫生检查。

2. 前台咨询职责

① 必须热情礼貌地接待顾客，详细地介绍美容院的服务项目和特色，解答顾客疑问。
② 接听咨询电话、预约电话及投诉电话，并做好记录。
③ 收款账目明确无误、清晰。
④ 负责客户追踪服务、客户档案存放。
⑤ 保管员工档案，传达公司通知。
⑥ 负责产品的陈列、前台的美观工作。

3. 美容师职责

① 注重仪容仪表，发型整齐，淡妆，不得佩戴任何手部饰物，指甲修剪整齐、干净，穿制服及佩戴胸卡（或识别卡）。
② 愉快地接受每一项工作，接待顾客时应主动热情，彬彬有礼。美容师必须保持一种专业人士的心态来对待每一位顾客。
③ 在为顾客进行护理服务前，认真查阅该顾客的档案资料，询问顾客对服务项目的要求，并主动推荐适当项目、适当产品。
④ 在为顾客进行护理服务过程中，应耐心详细地回答顾客提出的各种问题，并根据顾客的年龄、职业、肤质、健康度作有关护理判断和推介相关的产品。
⑤ 护理程序完毕后，应仔细询问顾客的感觉，并约好顾客下次护理时间。如果顾客对本次服务表示不满，应马上致歉并及时进行弥补，任何情况下不得和顾客发生争执。
⑥ 顾客离开时应有礼貌地与顾客道别并诚邀下次光临。顾客离开后应整理服务用品、工作台面、仪器及地面（检查顾客是否有遗留物品），准备迎接下一位顾客。
⑦ 送走顾客后，必须详细记录操作过程和配用产品，以便日后查阅跟踪。
⑧ 专业美容师应遵循与美容职业活动相适应的行为规范，具备良好的品德和专业素质。

⑨ 专业美容师应具备基本的沟通技巧、谈判技巧和销售技巧。

⑩ 进行服务时不接听电话，不离开顾客。

4. 后勤人员职责

① 负责店内卫生及店周围卫生整理工作。

② 清洁、消毒顾客用过的用品。

③ 购买必需品实报实销，不得弄虚作假。

④ 注意美容院的水、电安全问题。

⑤ 做好美容院的开、关门工作。

⑥ 如因疏忽造成美容院财物的损失，要照价赔偿。

5. 部门领班职责

① 协助上司搞好本店的经营管理工作。

② 执行上司下达的任务，督促任务的完成、落实程度。

③ 负责对部门使用的物品、设备仪器的管理和保养工作。

④ 负责对本部门工作人员的工作安排，巡视检查部门区域环境卫生、来客前的准备情况和工作质量及人员的仪容仪表。

⑤ 负责组织、协调、指挥本部门人员日常工作，严格按具体规定和规范进行操作，发现违反服务工作规定要求的要及时进行批评和纠正。

⑥ 负责部门人员的技术操作培训、技术等级的考核鉴定工作。

⑦ 树立标准榜样形象，以身作则。

⑧ 掌握本部门工作人员的出勤情况，监督上下班签到和平时工作表现，定期向上司汇报。

⑨ 负责部门所需物品的领用，定期清点设备、装饰品和产品，注意本部门消防安全的管理工作。

⑩ 接受顾客的投诉，并及时向上司汇报和妥善处理。

⑪ 负责交接班的工作安排、员工轮休安排。

⑫ 协助上司组织定期会议，如学习。

⑬ 负责与其他部门的工作协作和业务联系。

⑭ 每日做好工作记录和工作总结。

三、美容师的职业素质

1．专业美容师的品德

专业美容师在自身修养上应做到：

① 要遵守国家法律和美容院的规章制度。

② 对职业要有信心和尽最大努力工作。

③ 乐于学习，健全心智，提高气质。

④ 言行有信，负责尽职，成为良好德行及优良职业行为的表率。

⑤ 温文有礼地对他人的帮助表示谢意，对别人的缺点要容忍和有同情心，尊重他人感觉及权利，能良好配合同事、顾客及上级的工作。

⑥ 对所有的顾客友善、礼貌、热情、诚恳、公平，不可厚此薄彼。

⑦ 学习技巧高雅的职业谈吐，培养悦耳动听的声音，当他人说话时需要注意倾听。

⑧ 注意外表随时保持最高的卫生标准，使顾客对你产生信心。

2．专业美容师的举止

专业美容师在举止上应注意以下方面：

① 要避免口臭、体臭，不当着别人做不雅观的动作（如咳嗽）。

② 不得在顾客面前嚼口香糖。

③ 说话不得大声刺耳。

④ 不得当着顾客面批评同事的手艺。

⑤ 不得与顾客谈论自己的私事。

⑥ 不得斜靠椅背或桌面，不得在接待中懒散地斜靠在沙发上。

⑦ 不得在行走时乱摆乱动，走路要轻盈。

⑧ 有顾客时，音响、电视声音不得过大。

⑨ 不得在背后议论别人的长短。

⑩ 不得说话不实在，过分批评他人、贬低他人。

⑪ 说服顾客购买你推销的产品时，不得批评顾客原来的产品品质不良。

⑫ 不得探听顾客的隐私。

⑬ 不得有矫揉造作的态度。

⑭ 不得使用粗话、暗语、俚语、下流双关语。

⑮ 不得在顾客或者同事面前抱怨，有意见可通过正规渠道向上级反映。

3. 专业美容师的行为规范

（1）站

美容师咨询时应时刻保持站立姿势，精神饱满，面带真诚的微笑。双手合置于身前，抬头挺胸，仪态自然，对3米以内的每一位顾客都应主动点头示意，在了解顾客意图后，邀请顾客坐下，并为顾客介绍护理课程或产品。

（2）说

美容师应先讲话而不要让顾客先开口，掌握主动权，统一口径为“您好！欢迎光临”。

咨询时态度真诚热情，语调清晰温和，目光热情自然，注意力集中在顾客身上，认真倾听并记住顾客的询问。视线集中，左右不出对方双肩，上下不出对方眼睛与胸口，不左顾右盼，不与自己的亲朋好友在现场交谈。

熟练掌握“您好”、“请”、“对不起”、“谢谢”等礼貌用语。

对远距离的顾客应微笑点头示意，近距离应问候“您好”，显示良好的修养。

① 美容院常用服务文明用语：

· 接待顾客文明用语：“您好，欢迎光临。”

“对不起，让您久等了，我能为您做点什么？”

· 纠正顾客文明用语：“对不起，这里是无烟场所，请您把烟灭了，谢谢合作。”

“对不起，请您不要随地吐痰，清洁桶在那儿，谢谢使用。”

· 提示顾客文明用语：“收银台在……请您去那儿缴款。”

· 送别顾客文明用语：“请走好，欢迎下次再来。”

② 服务禁语：

· 有损顾客自尊心、人格的话不讲；

· 埋怨、责怪顾客的话不讲；

· 粗话、脏话不讲；

· 无理、讽刺、挖苦的话不讲；

· 工作期间一律使用普通话，禁止使用方言。

（3）穿

美容师在工作时间应严格要求着装。美容师是顾客了解企业的一个窗口，因此衣着一定要整洁大方、干净得体，不得穿奇装异服。

（4）做

每天提前半小时到工作岗位，将所有的样品专柜擦拭一遍，保证无灰尘、无污染，光亮整洁如初。

工作态度应耐心细致，不急不躁，不厌其烦，把每位顾客当成自己的亲友一样接待。每位美容师应该时刻记住“每失去一位顾客将使企业失去100名潜在顾客”。

熟练掌握咨询技能，在顾客大量涌来时要应对自如，做到：“送一答二照顾三”，即送走第一批顾客的同时，回答第二批顾客提出的问题，同时照顾第三批到专柜前来咨询的顾客。

美容师必须能使用标准普通话准确地向客户介绍产品的特点、作用。在咨询过程中切忌有贬低同行业产品的语言、行为。

四、美容师的招聘

1. 招聘过程的提问技巧

招聘美容师必须弄清楚以下六个问题：

· 这个美容师来应聘（或学习）的动机是什么？

· 我的美容院能满足他的需求吗？

· 他是否想借我们这个地方等待下一次跳槽？

· 这位美容师的待客态度如何？

· 这位美容师面对压力的反应如何？

· 这位美容师的创新能力如何？

对于以上问题，我们不可以直接问，所以美容院老板应当熟练掌握并运用好招聘美容师时所必须具备的提问技巧。

（1）简单式提问（拉近距离，缓和气氛）

你叫什么名字？

你今年多大岁数？

什么时候得到招聘的信息？

家住哪里？

家里还有什么人？

你在哪所学校毕业？

（2）递进式提问（抓住一点，追根究底）

你毕业后在家干什么？

你为什么要学习美容呢？

你以前在哪个美容院上班？

你为什么要离开以前的美容院？

你到我们美容院应聘的动机是什么？

三年后你会在哪里？

（3）对比式提问（让应聘者自我表白内心的世界）

你最大的优点是什么？你最大的缺点是什么？

你最喜爱的工作是什么？你最不喜欢的工作是什么？

你认为美容师工作哪方面最具挑战？哪方面最让你满意？

在你的同事当中，你最喜欢同哪一种人打交道？

你最像你父母中的哪一位？哪些品质和他（她）特别像？

你的美容技术是初级还是中级？

（4）举例式提问（以此鉴别应聘者所谈问题的真假，了解其解决问题的实际能力和技能）

请举出你喜欢挑战性工作的实例。

我面部有皱纹，你如何将这瓶化妆品推销给我？

你能举出你过去圆满完成工作的两个实际例子吗？

请举出“你不怕吃苦”的事例来。

在你过去的工作中，你遇到过什么困难？你又是如何解决的？请举例说明。

你觉得你以前的老板不合格吗？请举例说明。

综上所述，美容院老板招聘时要做到：

· 做个好听众。不随意打断对方谈话，在理解对方真正含义的同时要采用点头的方式予以回应；

· 问话用词要准确，坚持不用对抗性和猜疑性语言；

· 尊重应聘者的个性和利益，不要将自己的思想强压给应聘者；

· 适当幽默，让应试者感到轻松自如，这样才便于应聘者的自由发挥；

· 善于将面试引向结束，不要急于全盘托出你下一步要做什么；

· 运用辅助手段，如微型录音机，根据需要可重新校对其信息。

2. 选择美容师的原则

① 美容师的皮肤要靓丽，外貌要端庄。

② 要乐观积极、活泼开朗。

③ 要热爱本行业工作。

④ 尽量不要招过多的朋友和亲友，由于沟通和治理起来容易产生矛盾，

所以不利于美容院的发展。

⑤ 要把通过初选的美容师再经过一次实际考核，合格后再进行培训。或者多备些候选人，如若要招聘10位美容师，那么可以选择30人来参加培训，合格后再留用。这样，参加培训的人才会有竞争意识，要认真学习才不会被淘汰。而这样做可以在培训的时间发现人才。假如招聘10位美容师，而参加培训的人也是10人，当发现有问题时再去招聘，那么，培训工作就很难进行了。

⑥ 要留意不要招到一些来偷师学艺的。有的人是为了要开一间美容院而来应聘的，经常碰到有的美容师在美容院上班一段时间后在你家对面开一间美容院，而且把你的客户带走很多。

⑦ 在同等条件下，招聘美容师应该先重品德，后重才能。

⑧ 实践证明，老美容师往往比新美容师更难管理。

⑨ 美容师要靠自己培养，用一个经常跳槽的美容师，其结果只能是再次离你而去。

⑩ 应该聘用待客态度好的美容师。

3. 美容师招聘渠道

制订计划后，现在要面对的就是选择什么样的渠道去招聘，一般来说有以下几种途径：招聘会、专业报纸、网络、竞争对手挖掘、内部选拔、熟人推荐等，这几种途径美容院可以灵活选择，现将几种招聘渠道的优劣进行说明：

（1）朋友或熟人介绍

这种招聘方式成本比较低，并且介绍过来的美容师一般都具有一定的行业经验，能比较快速地融入整个团队。但是介绍过来的人和推荐人本身有很大的联系，以后在工作中会存在很大的局限性，并且选择面也比较小。

（2）店面门口招聘

这种招聘方式成本比较低，美容院只需在门口贴出具体的招聘告示，吸引路人前来观看即可。但是另一方面，这种招聘途径只能被很少的求职者看到，选择面非常小。

（3）通过网络招聘

美容师一直都是企业需求的热门人才。网络招聘相对其他招聘途径来说，能以较低的成本吸引到大量求职者，并且网络招聘的选择面很广，像中国美容网 http：//www.mr139.com 等，可极大地提高招聘的效率，其庞大的人才库保证了企业能够招聘到心仪的美容师。

另外，美容院还可以在专业媒体上刊登招聘广告，写清楚招聘职务、条件、待遇、联系地址、电话等相关信息。

（4）挖掘转让店的美容师

还有一个百试百灵的方法，就是在当地的报纸上寻找转让美容院的广告，只要上面没写“转店勿扰员工”，你就可以打电话过去和老板商量招聘他们家美容师的事。可以适当地给老板点费用。因为店不做了，美容师还是要工作的，一般和老板约好了去看，就提前一小时到店里和他们的美容师聊天，比如，问他们今后有什么打算，一个月赚多少钱，喜不喜欢学习，想不想到自己的店去，等等。

4. 在应聘者中挑选美容师的流程

（1）挑选方式

证件挑选方式：一般是根据需要，令应聘者提供自己的履历表、特长与工作意向书、相片等。如果应聘考已有一定的学历和经历，还应要他们提供学历与经历证明。为了统一格式，美容院也应备有规范化的报名表，让应聘者填写。然后，美容院依据上述资料，作出试用、录用的决定。

（2）挑选步骤

各个美容院的规模不同，技术特点不同，应聘规模和应招人数不同，因此，职工挑选工作的繁简也就不同。但一般来说，职工挑选工作可按以下步骤进行：

A．把收集到的有关应聘者的情报资料进行整理、汇总、归类，制成标准格式。

B．将应聘者的情况与工作说明书、工作规范及美容院的要求进行比较，初步筛选，把全部应聘者分为三类：一是可能入选的，二是勉强合格的，三是明显不合格的。

C．对可能入选者和勉强合格者再次进行审查，进一步缩小挑选范围。

D．对通过审查的应聘者进行笔试或面试。

E．对每个应聘者，不论录用与否，美容院都应书面通知挑选结果。

（3）面试

面试是美容院挑选职工的一种重要方法。面试给美容院和应聘者提供了进行双向交流的机会，能使美容院和应聘者之间相互了解，从而双方都可更准确地作出聘用与否、受聘与否的决定。

① 面试的形式有两种，一是个别面试，二是小组面试。

· 个别面试：在这种形式下，一个应聘者与一个面试人员面对面地交谈，有利于双方建立较为亲密的关系，加深相互了解。但由于只有一个面试人员，所以决策时难免有失偏颇。

·小组面试：通常是由两三个人组成面试小组，对各个应聘者分别进行面试。从多个角度对应聘者进行考查，提高判断的准确性，克服个人偏见。

② 面试应注意的问题：

·事先对面试做好计划安排，切忌毫无准备就开始面试。

·在面试过程中，要建立一种轻松随和的气氛，以利于应聘者正常发挥水平。

·要掌握好面试的内容、方向和进度。

·对必要的问题要深入探究。

（4）签订录用合同

录用合同是明确美容院与职工双方在工作方面的权利、义务关系的书面协议，美容院录用合同一般都有统一的标准格式（见P81附录一、见P82附录二）。

（5）考核标准

① 面谈（了解语言表达能力、文化素质）。

② 试手法（了解专业技能熟练程度）。

③ 试用三天至一周。

附录一

聘用合同（试用期三个月内适用）

甲方：__________美容院

乙方：__________先生/小姐

甲方根据以下条款聘用乙方（身份证号码：____________________）。

1. 职位：________。

2. 月薪：固定工资为人民币________元整。

3. 补贴：

（1）交通补贴________元整；

（2）餐费补贴________元整；

（3）其他补贴（________）________元整。

4. 其他补贴按公司有关规定执行。

5. 直属上司：________。

6. 入职日期：______年____月___日。

7. 合同期：由______年____月___日至______年____月___日止。

8. 工作时间：每周工作________天。根据各部门的工作需要而安排工作时间，作为业绩提成的乙方，超时工作将不会获得任何加班津贴。

9. 保密：乙方无论在聘用期内，还是在离职以后，都应该对甲方的资料作严格的保密。

10. 辞职：乙方要求解除劳动关系应提前15天书面通知甲方或支付15天代通知金，获书面批准后须办理好各项工作移交手续后，才能正式离职。

甲方　　　　　　　　　　乙方

年　　月　　日　　　　　　年　　月　　日

附录二

美容师正式聘用合同

________美容院根据中华人民共和国国务院劳动法规和________市私营企业劳动管理实施办法，结合本美容院经营的具体所需，今订立此劳动合同书。

双方根据“平等自愿”、“协商一致”的原则，签订本合同，确立劳动关系，明确双方的权利、义务，并共同遵守履行。

________美容院（以下简称“甲方”）同意聘请________先生/小姐/女士（以下简称“乙方”）为________美容院合同工，职位________，负责工作________。身份证号码：__________________________。

一、合同有效期

为___年，从______年___月___日至______年___月___日止，劳动合同期满，在双方同意的条件下，可续签合同。

二、职责要求

1．乙方必须接受甲方的监督和指挥，按其职位要求及美容院的制度，努力做好工作。

2．根据工作需要，甲方可以调换乙方的工作岗位。

3．乙方必须按《美容院员工手册》的全部内容和条款，严守美容院规章制度。

4．乙方每周六天工作制，每天工作时间由甲方安排，当工作需要乙方加班时，甲方需补偿相应的假期。

三、劳动报酬

1．固定工资____元/月。

2．绩效工资____元/月。

3．补贴共____元/月。

4．提成奖金：完成核定月度销售任务部分，可获奖金_____元。超出月度销售任务部分，提成____元。

5．完成全年销售任务（月度销售任务____×12），于农历新年前，可获年终奖金。

6．所得税或个人收入调节税由乙方负担。

7．按美容院经营情况及员工对业务熟练程度、工作的业绩，在适当时间考虑调整职位及薪酬。

8．甲方每月5日如期发放货币工资。如遇节假日或休息日，应提前在最近的工作日支付工资。

9．所辖的人员聘用、调动、解雇均须以书面形式知会美容院并征得美容院同意。

10．签约起，若未满1年可按比例执行。

四、福利及劳动保险

1．员工服务满1年，可依下列规定给予带薪年假：

（1）工作满1年以上未满3年者：每年5日。

（2）工作满3年以上未满5年者：每年10日。

（3）工作满5年以上未满10年者：每年14日。

（4）工作满10年以上者，每满1年递增1日，但总数不超过30日。

2．乙方享有国家法定公众假期，如因业务需要在法定假日不能休假，可由甲方安排在该法定假日前后60天内补放。

3．乙方生病，实行计划生育，分娩及婚事、丧事等，按本美容院制定的具体办法处理。

4．乙方请事假，须有正当理由及以书面申请和经有关部门主管批准方为有效，甲方不发给事假期间的薪酬。

5．因公伤残、死亡，则按美容院购买的有关保险规定及本美容院制定的具体办法办理。

6．社会劳动保险条例按国家有关规定执行。

7．乙方自行解决当值时的工作餐。

五、续签、变更、解除、终止劳动合同

1．合同期届满即告终止。如经双方协商同意，可以续签合同。

2．如甲方因经营情况变化，调整经营任务，或者乙方因个人原因要求变更合同条款，经合同双方协商同意，可以变更劳动合同的相关内容，并由双方签字（盖章）。如甲方订立劳动合同时所依据的客观情况发生重大变化，致使原合同无法履行，经当事人双方协商不能就变更劳动合同达成协议的，甲方可以解除劳动合同。

3．有下列情形之一的，甲方可解除劳动合同，并不作任何补偿，同时也

取消年终奖金。

（1）乙方严重违反劳动纪律及甲方依法制定的规章制度。

（2）乙方严重失职，营私舞弊，泄露商业秘密，对甲方利益造成损害的。

（3）乙方的行为按照国家的法律、法规规定被追究刑事责任的。

（4）乙方不能胜任工作，连续2个月未能完成月度销售任务。

（5）不按美容院规定的销售方式及违反美容院的核定价格进行销售活动。

（6）借故不参与美容院的大型对外活动，不服从美容院的工作安排，工作不合作，损人利己。

（7）对外的销售活动中故意损害美容院的形象，私自向客户提出美容院合约外的任何个人要求。

（8）兼任美容院外的任何职务及销售美容院外的任何产品。

（9）不按美容院制度定期以书面形式向直属上司如实汇报工作，弄虚作假。

六、解除劳动合同

1．有下列情况之一的，甲方有权解除劳动合同，但须提前10天以书面形式通知对方：

（1）乙方患病或非因工负伤的，医疗期满后确实不能从事原工作，也不能从事甲方另行安排的工作的。

（2）劳动合同订立时所依据的客观情况发生重大变化，致使劳动合同不能履行，经双方当事人协商不能就变更劳动合同达成协议的。

（3）若甲方因不可预见的意外因素，造成严重财政困难时正常裁员，可单方终止合同，一旦意外因素得到克服，财政状况好转而需要增员时，甲方应优先考虑乙方。

（4）符合劳动合同约定解除条件的。

2．下列情形之一的，乙方可随时通知甲方解除劳动合同：

（1）甲方不按劳动合同规定支付劳动报酬或提供劳动条件的。

（2）甲方以暴力 / 威胁或者非法限制人身自由的手段强迫劳动的。

七、续签劳动合同

本合约期满，如果双方续约，则应另行协商确定续约的条件和支付，以及乙方的工作职责和目标。

八、违约赔偿

乙方非依据本合同第七条规定的情况外解除劳动合同，应提前15天以书面形式通知甲方。否则须以10天薪酬为代通知金，但不免除乙方应依约承担的赔偿责任。

乙方承担的赔偿责任的范围包括：

（1）甲方为招收录用乙方而直接支付的费用。

（2）甲方为乙方支付的教育、培训费用。

（3）对甲方的生产、经营和工作所造成的直接经济损失。

（4）劳动合同及其附件中约定的其他赔偿费用。

乙方单方面解除劳动合同，甲方可依约追究其违约责任。

九、保密和不竞争

1．所有因履行本合同而由甲方向乙方提供或披露或由乙方从甲方获得的技术和商业秘密，包括甲方的供应商、客户关系、营销方法和销售组织等，均属保密范畴，乙方承担保密义务并保证不会将它们用于本合同以外的用途。

2．在本美容院期内或续约期内，乙方不得直接或间接地参与与甲方业务有竞争关系的业务或组织。作为甲方支付的代价，乙方在本合同期满后1年内不得直接或间接与甲方业务竞争。

3．乙方辞职经甲方批准后或被甲方解雇者，应将美容院的一切物品、证件、文件及有关资料及其复印件交回美容院，方可办理离职手续。乙方应以甲方的信誉及利益为重，不得对外泄露业务上的机密，以及从事有损甲方声誉及业务进展的事项。如乙方给予甲方造成经济损失或工作遭受破坏，乙方应承担赔偿的责任及应负法律的责任。

十、合同附属文件

甲方制定的《员工手册》为本合同的附属文件，与本合同有同等约束力。

十一、合同争议仲裁

因本合同履行而引起的或与本合同有关的任何争议，双方首先应友好协商解决。如协商不成，则应将争议提交劳动仲裁委员会仲裁。

十二、本合同自签订之日起生效，签约双方各执一份。

甲方：____________　乙方（签署）：________________________

盖章：____________　员工姓名（正楷）：___________________

日期：____________　日期：______________________

五、美容院员工薪酬设置

1. 薪酬设置的原则

（1）重视内在报酬

是不是用最高的薪酬就能吸引最优秀的美容师呢？的确有些美容院是如此，但却也有一些美容院，他们所支付的薪酬在同行中并不是最高的，却同样可以吸引到最优秀的员工，比如麦当劳、西门子、IBM等，这是因为企业经营绩效、企业文化、企业声誉、员工的发展机会等，这些往往都是员工愿意留下来的很重要的条件。

事实上，薪酬可以划分为两类：外在的与内在的。外在报酬主要指组织提供的金钱、津贴和晋升机会；而内在报酬则来自于工作任务本身，如对工作的胜任感、成就感、责任感、受重视、有影响力、个人成长和富有价值的贡献等。对于知识型员工，内在报酬和员工的工作满意感有相当大的关系。因此，美容院可以通过工作制度、员工影响力、人力资本流动政策来执行内在报酬，让员工从工作中得到最大的满足。

如此一来，美容院减少了对好的薪资制度的依赖，转而满足和提升员工能力，使员工更依赖内在激励，也使美容院从仅靠金钱激励员工，加薪再加薪的难题中脱离出来。

（2）有竞争力的薪酬

为员工提供有竞争力的薪酬，会使他们一进美容院便珍惜这份工作，竭尽全力，把自己的本领都展现出来。支付高薪酬的美容院往往能吸引并且留住人才，带来较高的满意度，这能让美容师更好地服务工作，同时还能有效地降低离职率。一个结构合理、管理良好的绩效给薪制度，应能留住优秀的美容师，淘汰表现较差的美容师。

（3）绩效引导薪酬

按绩效表现来支付薪酬是有效薪酬体系的一条基本原则。好的薪酬计划一定是公平的，薪酬不与绩效相结合，往往是薪酬计划失败的重要原因。不少美容院采用这样的考核办法，在美容院院长、美容师、美容顾问之间互相评估。

值得注意的是，做绩效评估及管理一定要避免考核目标过于单一，比如对美容师的评估，如果仅从销售业绩来考核，就是典型的目标设计过于单一，结果会使美容师片面追求销售业绩，其他方面都不顾，反而不利于美容院的正常运作。

（4）增强沟通交流

一般来说，员工对薪酬制度的公平性高度敏感。有些美容院为了回避薪酬差距增大所引起的心理压力，采取了薪酬保密的做法，有的规定员工不得打听别人的薪酬，有的告诫员工不得在内部或外部公开各自的薪酬，甚至宣布违反规定者一经查实，立刻辞退。

个人若是把自身收入作为隐私看待，那是他的权利；但把薪酬保密当做美容院的一项制度规定，就要权衡它的利弊。薪酬保密常会被认为在搞“暗箱操作”，很容易诱发员工对薪酬制度是否公平合理的疑虑。

在许多管理制度、薪酬体系完善的美容院中，都极力宣扬薪酬体系的透明度，薪资级别都是公开的，各级的级差也是公开的。事实证明，这样做并没有产生负面影响，而是有其积极作用，因为这可以让员工清楚：我拿这份工资，是因为我做了哪些工作，如果我努力，我会成长到哪个级别，享受何等待遇。

（5）让员工参与薪酬设计

部分美容院甚至让员工参与薪酬制度设计，因为他们认为，员工参与薪酬制度设计可以增强团队观念。员工如果能参加薪酬设计，在心理上就会感到自己是整个美容院团队的一员，而不是一个单纯的被管理者，从而增强员工积极参与美容院事务的意识，会努力为美容院的发展献策。另外，员工在参与薪酬设计的过程中，可以针对美容院薪酬政策和管理层进行必要的沟通，一方面可以促进管理者与员工之间的相互信任，另一方面可以让薪酬制度中的缺陷充分暴露出来，使美容院可以针对不足的地方，有的放矢地改进和完善，构建一个更为全面有效的薪酬系统。

如果是制度上的障碍，就调整薪酬结构；如果是人为因素（例如主管考评不公正等），就改善其他的配套制度，并通过沟通和调查，确定员工能够认同的合理薪酬构成内容。再结合外部市场的研究，就可以找出和同类型美容院员工薪酬相比，能最大限度满足员工心理需求和预期的最合理薪酬。

2. 美容院如何给美容师支付工资

工资待遇是美容院老板向员工支付劳动报酬，是美容院老板对员工实施有效管理的方法之一，是最核心的管理之一、最为敏感的话题之一。不存在最好的工资支付形式，只存在最适合自己企业的工资支付形式。

当然，美容院薪资所占比率多少合适，没有定论，如100万的20个点，和200万的30个点，一般来说，均以美容师的工作业绩、考评绩效与投入程度为依据，目前较为常见的有以下几种形式。

（1）固定工资制（传统式）

这是最简单的一种工资支付方式，但容易导致员工出现消极思想，失去竞争能力。

使用固定工资制有两种情况：一是对店内所有美容师一视同仁，工资待遇全部相同。二是根据美容师技能的高低进行工资支付，但确定后则基本不变。

对于现今的美容行业，这两种方法都已经行不通了。但美容院老板可以针对个别特殊情况具体使用，例如用于实习员工、学徒或清洁工的工资发放等。

（2）可变工资制

工资的变化并不是凭老板的主观意愿随意改变的，其程度和方向必须以美容师的工作业绩、考评成效与投入程度为依据，并且不脱离美容院的实际工资情况。美容院老板必须清楚，奖金只是工具而不是目的，只有合理运用奖金制度，才能真正有效地提高员工的工作积极性，否则将得不偿失。目前，较为常见的有以下几种方式。

方式一：固定工资+业绩提成

计算方法：

（200～1200元）/月+技术业绩×（15%～20%）+销售业绩×（5%～10%）

这种方式普遍为大型美容院所采用，可以根据人员编制和技术差异调整固定工资的发放，提成奖金基本上保持不变。

使用这种工资发放的优点是：

① 最大限度地满足员工安全感，人员流动比率减小，对员工的激励、环境完善有积极影响。

② 多劳多得的工资发放形式，能够不断提升员工的个人创造能力。

③ 稳定氛围，便于管理，有利于美容院树立良好的专业形象。

④ 员工与美容院的联系比较紧密。

⑤ 有了固定工资部分，美容院给予支付的提成比率又相对稳定，美容师业绩越高，对美容院的发展越有利。

但这种方式也存在一些弊端：从某种程度上说，不适合小型美容院使用；即便是大型美容院，如果管理不当，也容易出现从业人员业绩较差或工作不努力的情况。这样一来，美容院所支付的固定工资就白白浪费了。所以，这种方式特别适合刚刚开业的美容院采用。

方式二：完全提成

计算方法：

技术业绩×（20%~30%）+销售业绩×（8%~12%）

这种工资发放方式普遍为小型美容院所采用，可以减少美容院支付大量固定工资的短期风险，也容易让那些能力较强、技术过硬的美容师接受。

这种方式的好处有两个，一是不需担心美容院业绩较差或美容师工作不努力，因为没有了固定工资作保障，没有人能够高枕无忧，每个人都会努力干活；二是在这种方式下聘用新的美容师成本很低，只要试用期一过，美容师就得靠自己的付出得到收入。

这种方式的弊端是虽然能保障经营者减少风险压力，但是对吸引和培养优秀员工难度较大，只能保证美容院求生存，不能谋发展。

方式三：固定工资+定额提成

计算方法：

① 达标5000元：

800元+余额×10%+销售提成

② 达标5000元：

400元+技术业绩×20%+销售提成

这种工资待遇发放是现今美容院用得较多的一种方式，也是经营者寻求美容师心理平衡和企业自我平衡的一种方法。也就是说，只要美容师完成了美容院设立的业绩目标，就可以拿到固定工资。关于提成的发放则有两种方法：一是对完成业绩目标的余额进行提成；二是将整个业绩额用于提成。

这类工资发放方式看起来似乎不错，其实只不过是美容院使用的一种技巧罢了，在实际运用中效果并不十分理想，起不到用可变工资激励美容师努力工作的作用。因为在这种方式里，美容院最优秀的美容师和最差的美容师之间工资的差异不大，有时不但起不到奖励作用，反而会导致美容师认为美容院不想承担风险压力，不重视人才，从而对美容院失去信心。

方式四：完全提成（可用于直销和高端高利润项目）

计算方法：

销售额×（8%~15%）

方式五：指定顾客与非指定提成

除常规工资和提成外，确定指定顾客制，即小张指定顾客，如果小张休息不在，其他美容师小李卖了产品，应该全部给小张。通过指定提成制来提高服务质量。将业绩分成实操业绩和现金业绩。手工实操中，指定比非指定提成高30%。A、B两个小组，两个顾问，搞团队竞争，团队业绩越高，个人点数越高。

方式六：细分式

① 美容师经培训考核，可分为高级美容师、顾问、助理美容师，其工资

也依次不同。美容师待遇一般为底薪+提成+奖金。

② 培训期内不收培训费，合格将发基本工资，试用期头两个月按基本工资，第三个月后升正式美容师。

③ 美容师底薪可按美容院业绩总额制定，美容师完成当月目标业绩方可享受提成，如未达到，只可按基础底薪计算工资。

④ 提成可按美容院当月自己销售或按公司促销价提成，例如：1万~2万为_____%，2万~3万为_____%。

如超过美容院正常折扣，关系价提成统一按_____%提成（注：业绩提成可分为产品销售和疗程销售两种）。

⑤ 服务工作奖金：美容师每完成一个项目可按服务的辛苦或收费的基础价格给予服务工作奖金。

A类，2~3元，收费低，操作简单；

B类，5~8元，收费中，服务较累；

C类，8~10元，服务技术含金量高。

⑥ 也可直接按每月销售的多少提成_____%，设有服务工作奖金和业绩任务奖金。

⑦ 各员工职位薪资说明：

A．执行店长：底薪+职务工资+全勤奖金+公司盈利分红；

B．专业咨询师：底薪+销售奖金+职务工资+全勤奖金；

C．美容师：底薪+全勤奖+销售提成+销售奖金；

D．收银人员：底薪+销售奖金+全勤奖金+工作奖金。

方式七：全面考评式（一家全国连锁店的模式）

① 薪资结构与发放：

A．月收入：基本底薪（占30%）+业绩提成（占30%）+绩效服务奖（占40%）=个人月收入。

B．年终奖励：每月累计销售额×2%=年终奖励（注：当月未完成基本任务额者，当月不计算年度销售额）。

C．个人月收入的发放程序：店长考评→工资表填写→财务审核→主管审核→备案存档→工资发放。

D．个人月收入的发放方式：每月10日发放上月的基本底薪；每月20日发放上月的业绩提成；每月25日发放上月的绩效服务奖。

② 个人月收入的计算方式：

A．基本底薪的等级标准

·美容助理：实习美容助理（试用期底薪）200元／月；初级美容助理250元／月；中级美容助理300元／月；高级美容助理350元／月。

·美容顾问：初级美容顾问350元／月；中级美容顾问400元／月；高级美容顾问500元／月。

·美容督导：一级督导500元／月；二级督导600元／月；三级督导650元／月；高级督导800元／月。

B．营业业绩提成

·基础护理：A类护理1元／次（30次／月），B类护理1.5元／次（40次／月），C类护理2元／次（50次／月）；

·特殊护理：A类护理5元／次（50次／月），B类护理10元／次（100次/月），C类20元／次（200次／月）；

·产品销售：基本配额以内5%，目标配额以内8%，目标配额以上10%（注：不包括售后护理卡销售）；

·基础护理卡：基本配额以内5%，目标配额以内8%，目标配额以上10%（注：不包括售后护理卡销售）；

·特殊护理卡：A类护理套卡8%，B类护理套卡10%，C类护理套卡12%；

·店长岗位提成：基本任务额以内无提成，目标额以内3%，目标额以上5%；

·店长助理岗位提成：按当月店长岗位提成总额的40%发放岗位提成。

C．绩效服务奖

·绩效服务奖计算式：（目标配额奖+新客户开发业绩奖励）×客户满意度百分比。

总之，在美容院经营管理中，不存在最好的工资支付形式，只存在最适合自己企业的工资支付形式。因此，老板在确定自己美容院工资制度的时候，一定要综合考虑各方面因素，例如，对本店美容师最具激励性的因素是什么，自己美容院所能提供的工资待遇水平是什么，竞争对手美容院采用的是哪种工资发放方式，美容师付出的每一分努力是否都能够得到回报，然后结合自己美容院的具体情况，因人而异，因时而异，才能真正制定出适合自己企业的工资制度。

六、美容院员工管理策略

开美容院，不要老是讲“事”的管理或讲钱，要多讲“人”的方面，因为这是美容院经营不可忽略的大事。聘人、用人、留人的事，应该有一整套的规划，而不能够抱着“骑马找马”的心态去做，只有“把自己当做员工，把员工当做自己的孩子”，才能“自己满意，员工也满意”。

员工管理是每位经营者及管理者最头疼的问题，员工如何管理呢？俗话说：“人有定规，物有定位。”只要有人就需要管理，而且管理应从制度谈起。美容院员工管理应着重于长期录用计划，并制定员工守则。

1. 增加经营者与员工的沟通

（1）多了解员工的心理需求

美容院的管理者可以通过平日的闲谈传达其经营的理念，并与员工作双向沟通，培养彼此的默契，拉近经营者与员工的距离。

（2）工作中保持愉快的心情

很多员工的流失往往是因为在工作场所中心情不愉快而造成的。因此，美容院的管理者首先要有一个好的心情，才能调动别人的情绪，使整个美容院处于一种轻松愉快的氛围之中。

（3）帮助员工创造成就感

让新进的员工看到自己的进步。技术考核、业绩进步能满足员工的工作成就感，不是只有薪资而已。

（4）为员工做好生涯规划

很多从事美容业的员工一直以为，到最后只有自己开店一途，如果经营者能为员工规划未来的方向，让员工了解公司的远景，相信员工绝对会一心一意为美容院服务。

（5）完整的、有系统的教育训练

美容院员工的教育训练大致可分为技术训练、专业知识、服务教育等三种。首先，技术训练占据重要地位，由于美容院以美容美发技术为主，而技术内容每年都有新的流行趋势，顾客的需求也不断变化，所以要定期举办技术训练，以配合时代潮流。其次，美容师的专业技术和专业知识越高超，其为美容院所带来的营业额也会越来越多。因此，美容院应经常为员工提供美容专业知识的培训教育工作。最后是服务训练，主要注重外在形象的包装，如每位员工的服装仪容及接待礼仪、服务礼仪都要有定期训练。

2. 建立员工福利制度

使员工保持高昂的工作热情是经营者的首要任务，尤其是美容这个行业。

（1）直接慰劳的方式

提供安静的休息场所、愉快的工作环境，提供方便工作的制服，举办旅游等休闲活动。

（2）间接安抚的方式

给予生日、喜庆等津贴；给予参加研习会之补助，提供技术与服务的参考书籍及娱乐杂志等。

（3）特殊方式

设置员工宿舍，为员工办理社会保险等。

当实行以上方式时，应多听取员工的意见，详细筹划活动内容，以此来吸引员工参加。有时甚至可以让员工参与筹备过程或由员工负责办理，使员工有被重视的感觉。这样，不仅能使员工心甘情愿为本店服务，且劳资双方亦能培养良好的沟通管理。

3. 关爱员工

经营者应该多关怀员工，无论是感情、家庭或是日常生活方面，真心的关怀便可以增加美容院的向心力，确保员工的稳定性。日常工作间隙的闲谈就是一个很好的办法。

经营者如果能把服务、技术等工作问题轻松地融入与员工的闲谈中，就能让员工很容易明白经营者的意思，又不会让员工有尴尬、不好意思的感觉。

有间美容院的经营者是中年人，但是员工却都非常年轻。我想他们之间看待事物以及处理问题的方式一定存在着很大的差距，不易协调。但是看到员工们工作时的心情都非常好，一问之下才得知美容院如一个大家庭，非常温暖，而经营者犹如他们的家长。经营者对待员工则有一套自己的原则：批评的时候要亲切；教授技术的时候要自信；交往的时候要像朋友一样。

4. 与其他美容院交流，发展实践教育

每个国家都会举行美容师的资格考试。在自己店里工作的实习生终究会通过考试而成为一位合格的美容师，经营者对此也感到很高兴。但是，一方面有必要调整待遇，另一方面也存在着如何让他们向更高层次发展的问题。

从经营者的角度看，对于刚取得美容师执照的美容师，安排他做一份合格的美容师常做的工作，自然不会太放心。况且也有一种说法：美容技术人员取得美容师资格后，还必须要积累5年的经验，否则就不能算是一位真正合格的美容师。但是，不能尽快地成为店里的王牌美容师，对于美容师本身以及美容院的营运都没有帮助。

因此，该如何尽快地培养优秀的技术人员呢？与其重视实习生时期的教育，倒不如重视技术人员的教育。特别是取得美容执照不久的美容师，已跃跃欲试，也就是说这时是热情最高的时期。所以，经营者有责任去强化且增强这种意识，使这些刚取得执照的美容师具有战斗力。总之，员工是美容院的财产，他们高超的技术是吸引更多顾客的原动力。

但是谈到技术教育，从美容院的情况来考虑，教育的内容也有限度。特别是小规模的美容院，顾客数量有限，所以许多教育计划通常不能顺利执行。那么，这是否就意味着小规模的美容院无法有良好的技术教育呢？答案是否定的。那么，该如何去做呢？现以A、B两家美容院的情况为例。

位于繁华城市的A店和小城市的B店的经营者早在美容学校时就结成了好朋友，这两家美容院在不景气时期相互交流技术人员，让技术人员互相吸取对方美容院的优点。从A店派往B店的技术人员，接触到不同地区的不同顾客，学习到亲切的服务态度。从B店派往A店的技术人员，则学习到更具流行性的技术，学习到不同地区的待客要领。在这个交流过程中，增强了员工的自信心，并且通过出席各种不同地区举办的研讨会，学习的实效自然也就提高了。

在互相交流中，既可以发现自己工作环境的优点，又可以发现其缺点，然后告诉经营者，一起考虑改善的对策，再制订计划去实行。美容院之间相互交流技术和经营方法，共同提高经营能力，在不景气的时期，就能同心协力维持经营。特别是许多小规模的美容院，应该朝着这个方向发展，建立连锁店。

5. 给员工增加“精神薪资”

对于员工来说，工作所带给他的不仅仅是一份工资，还有很大程度上的心理满足感。所以，在物质奖励的同时，老板也莫忘给予员工加些心理工资。以下是一些外国企业经常实行的心理工资做法，你或许可以借鉴借鉴。

（1）一分钟赞美

给员工一分钟赞美比批评员工十分钟还要管用。赞美是润滑剂，能融化员工的不满与矛盾；赞美也是定心丸，会笼络员工不安和驿动的心。多一次赞美，企业就多一分合力。

（2）生日祝福

一封精美明信片，几句祝福问候语，一次简易的生日Party，在员工生日时精心送上，将会给员工极大的心灵安慰，达到无声胜有声的效果。

（3）共进晚餐

与员工一道吃个晚餐或一起喝杯咖啡，花不了你多少钱和时间，但是其作用却是巨大的，因为这可以带给员工莫名的荣耀与冲动。

（4）盛待来客

员工的亲朋来访，你赶紧放下手头工作，热情接待，比自己的亲朋还亲，甚至亲自给宾馆打电话安排其住宿及伙食，当面赞扬员工的工作业绩。员工心里喜洋洋，面子十足，第二天会以十倍工作热情回报你、美化你。

（5）倾听建议

对下属员工提出的建议，你微笑着洗耳恭听，一一记录在册，即使对员工不成熟的意见，也一路听下去，并耐心解答，员工好的建议与构想，张榜公布，并给予资金以资鼓励，那么，其他员工的干劲也就被调动起来了。

（6）年度体检

这不需要花费你多少钱，却抓住了人们所关心的问题，使员工体会到了做主人的感觉，企业的认同感、归属感大增。

（7）亲属年会

年终时组织一次员工亲属年会，感谢亲属一年的支持与关心，汇报一下公司业绩及来年目标，一餐便饭、一封感谢信、一份小礼物，礼轻情意重，员工亲属良好的口碑宣传会让你在员工的心中形成更大的认同感。

（8）门户开放

无论你提供多好的优惠条件，总不能阻止优秀人才的转职行为，这时最好的办法就是实行门户开放政策，来去自由，并承诺随时开门恭候其回心转意。

综合上述，经营者应了解到美容院的经营不仅是“事”的管理，更是“人”的管理，员工即店方的资产，想要善用此资源，则应抓住员工心理，让员工对未来拥有美好的憧憬，这才是最进步的管理方法。对美容院老板而言，员工（美容师、店长等）又何尝不是美容院最大最宝贵的资产呢？

6. 培养员工自身的心理素质

若想培养员工自身的心理素质，必须从规范美容师的言行举止开始。在管理中，经营者不宜用生硬的命令式口气对员工说话，而应该循循善诱，让美容师从心理上接受指导。作为一名合格的管理者，本身也应是一名心理辅导师，才有资格去论及对员工心理素质的培养。

若想提高员工的素质，管理者首先应从美容师的穿着入手。不少美容师虽然大体上是按规定着工装，但其衬衣却五花八门，这主要是缺乏衣饰搭配的常识。例如工装是草绿色的西服，那么衬衣和裤裙就一定不可以配红色或其他鲜艳的颜色，俗话说“红配绿丑死人”，是有一定道理的。服饰搭配学问很大，千万不能破坏了色彩的和谐性。一般来说，白色带浅蓝的衬衣及黑裤裙、黑皮鞋比较适于作为美容院的规范穿着。

其次，在行为规范上要求美容师及其他员工站姿自然挺直，两手自然下垂，两膝并拢；坐姿要求端正，两膝并扰；行姿要自然，不能忸怩夸张。美容师与顾客交谈时两眼应直视对方，面带微笑，千万不可东张西望。因为人本身的一些小动作常常会让人误会，如果与人交谈时眼睛东张西望，会被人误解为“这个人没有诚意”，或者“他根本就在说谎”。因此，直视对方应是有礼貌的亲切的表现。不过，要注意不要瞪眼睛，否则也会使对方不舒服。

接待顾客时，应在顾客面前介绍有关内容并表明美容师的专业知识，让顾客清楚地了解自己皮肤的性质和护理程序，使顾客在心理上接受美容师的情况下安心地躺在舒适的美容床上。在美容过程中，美容师应善于诱导顾客安心休息，最好让顾客逐步进入睡眠状态。如何诱导呢？当然是用言语，这时的语调应是低沉和蔼的，亲切地告诉对方：“您在作护理时可能会逐渐入睡，您尽可以放心入睡，睡眠状态的美容效果会相当的好，因为这时您的肌肉处于完全放松状态……”言语要缓慢，配合手上动作，让疲惫的顾客进入你制造的睡眠气氛中。

7. 确保员工的薪酬有竞争力

近年来，随着美容业的迅猛发展，美容业人才流动有了相当大的空间，如何以合理的薪酬留住自己的中坚人才，比如技术过硬、品德优良的美容师，营销、策划经理等人才，是件非常让经营者费心的事情。

对工薪族来讲，自然是盼望老板能多多施恩，多多加薪。然而，凡是做老板的，冠冕堂皇的话自然也常常要说上几句，诸如“以人为本”、“人才是第一因素”等，不过，真的轮到要掏钱的时候也总会有些“心太软”，对着钱包总要唱上几句“舍不得你的人是我，离不开你的人是我，想念你的人、关心你的人是我是我还是我”。

于是老板与员工之间永远有着这样一道很难逾越的鸿沟，用一位美容院老板的话来说便是“为来为去为了铜钿”。所以薪水高了老板不乐意，薪水低了员工要跳槽。不过，无论哪一种情况，最终受到损害的还是员工和老板双方，所以薪资是有一个最佳点的。

通常说来，获得薪酬的最佳点的途径有三种：一是全方位综合考虑市场因素。因为市场的薪资行情及供求关系决定了个人的价值。例如拥有国际知名美容学院的人多了行情就下跌，但从其中毕业且经过名师指点，有丰富的实际操作经验的数量尚少，故而市场行情依然比较“坚挺”。二是仔细分析每个人的自身素质与水平。三是分析企业的文化背景及价值观。有的企业视个人的经验为第一财富，而有的则视个人的创造力及潜能为第一财富。因此，企业本身价值观的差异导致了同一个人才在甲企业可望获得高薪但未必到乙企业同样有高于原来的待遇。

8. 考虑员工的福利

经营者应使员工保持良好的工作态度，否则就会影响其服务、技术的品质，甚至有可能会与顾客产生纠纷。

正因为如此，经营者有必要从经营上去判断员工的身心状况，制定恰当的作息时间。

（1）直接恢复员工疲劳的对策

① 安静的休息场所。

② 舒适的用餐场所。

③ 发给员工功能性的工作服。

④ 举办旅游、踏青等活动。

（2）间接恢复员工疲劳的心理对策

① 生日聚会。

② 津贴补助。

③ 灾害、疾病的慰问金。

④ 参加研讨会的补助。

⑤ 提供技术、服务的图书及杂志。

⑥ 提供娱乐杂志。

（3）特殊对策

① 设置员工宿舍。

② 放置各种体育器材，健全娱乐设施。

③ 帮助员工参加社会保险。

④ 制定与安全、卫生有关的事项。

实施这些对策最重要的一点就是要员工喜欢，有参加的欲望。例如，制订旅行计划，参加的人数却不到一半，这就需要认真考虑计划是否符合员工的喜欢与习惯。虽然员工没有参加的义务，但是要举办活动，就应办得有声有色，吸引大家参加。可能的话，事前应先听听员工的意见，让他们参与制订计划，并让员工负起实行的责任，就会取得事半功倍的效果。

休息场所、用餐场所的管理，以及工作环境的创造，并不只是依照经营者的意见来进行，而应让员工参与，这样，实际效果会更好。

总之，通过福利政策来加强经营者和员工之间的思想交流，也是一个值得考虑的方法。

9. 建立以人为本的企业文化

几乎所有的美容化妆品公司都尝过骨干人员出走的苦头，他们要么自立门户，要么成了竞争对手的干将。当然，人才不可能绝对不流失，但是，如何把自己原有的人才资源流失降到最低程度，使人才总量入大于出，这对于每一个老板来说，都是极其严峻的问题。

谈及管理，绝大多数老板首先想到的是制定严格而缜密的规章制度，诸如迟到罚款，吃回扣走人，业务多奖励，等等，不行的话再搞一次军训。这样做确实能对管理起到一定的作用。外资企业初入大陆时，用的也是这种管理模式。

但问题是，这样的管理并不能完全阻止人才流失。许多老板为避免因人才流失造成太多的损失，拼命地将那些核心工作抓在自己手里，银行里有自己的铁哥们，业务关系只有自己能打通，忙起来恨不得有三头六臂，即使这样，业务规模稍一拓展，便难以招架。

真正的管理，不仅是管住这些人，而是将有才能的人“集结”在一起，以共同的价值观、共同的追求为基础，为原动力，为凝聚力。规章制度只是起引导作用，或约束作用，把握价值观才是公司领导人最重要的工作。其实，这一切的综合体就是企业文化。

强势企业文化大致有这些内容：企业内部所有人员都有基本相同的价值观，如具有认为自己和自己的公司是“最好”或一定能成为“最好”的信念；对作为个人的“人”的重要性的理解；拼命争取最好工作结果的态度；认为企业中大多数员工都是优秀人员、都是探索者的信念，并且甘愿给不断探索的失败者以支持；具有对经济增长和取得利益的明确信念与认识等。

强势企业文化一旦塑造成功，公司的每一个成员都会尽职尽责，甚至超职超责。在不同时间、不同地点、不同环境下，公司大多数成员的言行都会惊人地相似，甚至在处理突发事件时，他们处理问题的方法会同老总的想法出人意外地一致。最难得的是，企业文化使公司原来那些静态的东西变成了动态的东西，能充分地将团队的整体潜力调动起来，在顺利时走得更快更稳，一旦市场环境发生变化，能迅速调整结构，尽快做出应对。

总之，美容院就如同一个国家、一个家庭或一个人，表面上看都差不多，当认真接触之后，才知道根本不一样。一个要立志建设一流美容院的经营者，没有强大的企业文化作支撑，很难想象他如何去实现自己的理想。这正如同一个民族，如果没有独特的文化、宗教世代传承，迟早会被吃掉或自生自灭。

七、美容院人才流失的原因及解决方法

曾几何时，跳槽之风汹涌吹至美容界，对整个事业体制而言无疑成为业界的头号杀手。人才外流，如同资金外流。是哪些因素造成美容师纷纷出走，有哪些方法，可以留住顾客的心，相信这是美容业经营者最为关心的问题。

1. 人才流失的原因

（1）福利不佳，无劳动保障

美容师属专业人才，但相应的工作，有时并未获得相应的回报。美容师的待遇少有调薪、年终奖金等制度，且多半无劳动保障，在劳资意识抬头的今天，难怪会跳槽了。

（2）生活枯燥，工作时间过长

据统计，美容师平均一天工作8~10个小时，月休2~4天，而人体以一天工作8小时为适。美容工作大多一成不变，终日在美容室内打转，在单调中面对冗长的时间，就更让美容师感到度日如年而急于跳槽。

（3）工作环境不佳，无升迁机会

一般公司除注重门面、环境的装饰，并未激励资深或优秀员工，而予以升职调任。反观美容师却经常与茶水、洗刷、蒸烫为伍，几乎无升迁机会；想突破，只有另起炉灶。

（4）认为创业容易

眼见店内的顾客络绎不绝，在“宁为鸡首，不为牛后”的心态下，不少美容师也想另立门户，然而又有多少人看透经营者的辛酸。

（5）人际关系不佳

兄弟姐妹之间，有时也起争执，更何况是朋友、同事，在同一工作环境

下，合作的关系固然密切，然而为了一己之利而与人僵持不下，也是屡见不鲜。同事不和也是造成人员流失的重要原因。

（6）美容同业挖墙脚

角逐在金钱游戏中，人往往沦为被操纵者，同业之间有时为了扩大声势，会运用各种手段相互挖墙脚，美容师就顺理成章地成了流动人口。

（7）无合约牵制

少了一纸合约，许多人就朝秦暮楚，心有旁骛。若有约在身，至少能降低任意流动的意愿。

（8）工作缺乏挑战性

一般美容师的年龄多半在20～30岁之间，每天面对不同的人却要说相似的话，当他们熟悉了工作的技巧之后，往往希望接受新的挑战，对他们来说太过轻易的工作，反而不值得留恋了。

（9）职业倦怠，弹性疲乏

长期从事同一种工作，在讲求多变的今日，许多人耐不住单调的模式，再加上没有在职训练的技术充电，美容师容易有求去之念。这种意识的力量并非金钱能左右。

（10）追求自我突破

一个人所学毕竟有限，当他发现既变不出新的样式，而继续留下来又学不到新知时，便会考虑另谋发展。也许还有许多知识是他们日后会逐渐学会的，但一时的技术枯竭，他们就想展翅高飞，以求突破。

2. 如何遏止人才流失

（1）真诚与关怀

精诚所至，金石为开。人之相处尤重坦诚，而现今个人主义浓重，人与人之间的疏离感更为明显。许多美容师为了工作而远离家乡，若老板能给予生活上和工作上的指导，注重其情绪变化，适时辅导他们，则容易建立员工以店为家的共识，增加内部和谐气氛。

（2）加强福利待遇

工资是工作的回馈，合理的待遇能增加工作的热忱，而节庆的赠礼有时也颇能温暖员工的心。若能申请劳动保险，或按年资核发年终奖金，或招待资深员工参加旅游，无疑更能稳定美容师。

（3）完善奖励制度

对于美容师的工作予以考核，依能力表现给予精神或物质上的鼓励，这是直接激励工作士气的方法之一。受奖者会因此而有“被肯定、被重视”的感觉，对工作自然不敢掉以轻心。其他员工也会因此而自我要求、力求改善。最重要的，奖励制度要公平、明确。

（4）实施在职培训

定期或不定期举办美容发表会或专题讨论，能让美容师吸取新知，交流工作经验，对于增进专业素养有相当的帮助，在技术运用上可作良性的循环。

（5）允许员工持股

大多数的员工，不论年资深浅，都有为人做嫁衣的感觉。不论是否独当一面，而终究觉得受制于人，成就与荣耀属于老板。即使待遇优厚，但在心态上仍觉得只是过路客。因此，老板若能洞察这点而将一部分股权让给员工持握，必然会唤回美容师乘风而去的野心。

（6）合理制定休假制度

美容师和一般的上班族相比较，工作时数有过之而无不及，一般的节假日往往是美容业最繁忙的时刻，员工放假只能以轮休的方式进行，这常对美容师的社交活动造成不便。因此适度地调配人力，以求精简实效，让美容师能获得合理的身心调适，必能在面对顾客时神采奕奕。

（7）储备干部

未雨绸缪一直是智者的策略，许多突发事件也非常人所能把握，平常要在美容院预留几名实习生，让他们从工作中学习，采取渐进的方式熟悉所有运作。通常实习生待遇不高，不至于对老板造成压力，而一旦面临人员不够的情况，这些储备人员即能发挥替补的功能。

（8）增加生活情趣

生活是一种艺术，在工作中伴随一些音乐，偶尔更换一些摆设，添置一些花草装饰或邀约员工一同逛街、购物、喝茶、看电影，甚至为员工庆生日、举办聚餐、联欢等活动，可以丰富员工的心灵世界，减少对工作的乏味感。

（9）签订完整的合约

合约在经济社会中扮演着“承诺”的角色，双方若能签订合理的契约，并能严格遵守，对双方来说都是一种保障。

在了解人才流失的因素后，只要经营者能够找准病因，对症下药，自然可以坐拥众将，高枕无忧了。

第五章 美容院顾客管理

一、美容院建立顾客服务系统的必要性

1. 顾客进入美容院的心理诉求

顾客进入美容院的心理诉求一般包括以下几个方面。

① 对美充满希望：美容院一直被认为是“出售美丽和梦想”的场所，同样也是顾客获得美丽和实现梦想的场所。

② 满足身心需求：美容不仅可以满足顾客生理上的需求，还能满足顾客心理上的需求，而美容院正是实现这两个双重效果的场所。

③ 休闲：日常繁忙的工作之余，美容院可以作为人们舒缓压力的理想场所。

④ 安全感：市场上的美容产品琳琅满目，在品质上良莠不齐，产品的品牌安全选择越来越受到顾客的关注。

⑤ 实惠：美容院在提供优质服务的同时，又可让顾客享受到优惠的价格服务，从而使顾客在心理上得到平衡，大大提高顾客的满意度和忠诚度。

2. 功能性服务和心理性服务

在上述心理诉求中，美容院首先要满足的是顾客的安全感。

服务具有三大功能，一是教育顾客的功能（70%以上的顾客不懂美容），二是辅导、督促消费者的功能，三是关心顾客的功能。服务没有一个固定的标准和模式，这就要求美容院在细心、热情、充满人情味地服务的同时，还要根据顾客的需要，做到进一步的改进和完善。

美容服务是通过人际关系而实现的，内容包括功能性服务和心理性服务两方面。优质的顾客服务是由优质的功能性服务和优质的心理性服务构成的。

（1）功能性服务

功能性服务是指为顾客提供方便，帮助顾客解决他们自己难以解决的实际困难，也就是顾客在其相应的消费水平中应该得到的，美容师必须提供的服务。

① 功能性服务的要点：美容师以其技能、技艺为消费者提供的服务。如服

务项目中的化妆、护肤、丰胸、减肥等具体的服务，通过美容师的功能服务使消费者得到具体的收获。

② 功能性服务的要求：

A．服务程序要周全；

B．用品、用料要质、价相当；

C．操作技能要优质、高效。

（2）心理性服务

服务行业是在消费者的需求中应运而生的，没有消费者的需求，就没有服务对象，服务便无从谈起。服务是一种交际方式和行为，服务工作是一种通过人际交往为人服务的工作。要做好服务工作，就有必要了解人的心理，以便适时恰当地为消费者提供优质的服务。

在这样一句话："人是永远有所求的动物，如果一种需要得到满足，那么就会有另一种需要出现。"

① 心理性服务的要点：心理性服务是指在为顾客提供功能性服务的同时，还能使顾客得到心理上的满足。心理性服务是一种较高层次的服务，来源于服务工作者良好的个人修养、崇高的敬业精神和健康的心理素质。

② 做好心理性服务的要求：

A．营造轻松的气氛。微笑是人际关系的润滑剂，微笑服务使顾客感到和气可亲，使人产生轻松愉悦感，顾客有宾至如归的感觉。

B．善解人意。善于观察顾客，把顾客不好意思提的要求引导出来，满足其心理需求（把顾客的心理要求变成美容师的推荐，进而满足顾客的心理需求）。

C．不要直截了当地批评顾客的错误。当顾客表现出无知或失误时，不要表现出轻视的态度，过多的批评会使顾客感到被讥讽和被看不起。

D．使顾客有被尊重感。这来自美容师认真的工作精神，全心全意为顾客服务的态度。对顾客的问题要给予耐心的解答，提出的要求一丝不苟地完成。

E．当个好听众。当人长期处于一种精神压抑的状况时，心中的郁闷很想找个地方释放。而在接受美容护理时，正是一个人身心松弛的时刻。面对一个和气可亲、善解人意的美容师，顾客常常会在轻松的气氛中诉说自己的忧伤和痛苦，使顾客得到朋友式的安慰和心理的缓解。

功能性服务是服务的基础，是服务的必要因素，美容师必须给以技能、技艺方面的高效、优质的服务，才能使顾客感到有所收获。心理性服务使服务具有诱导力，给人以美的享受，是服务的魅力因素，良好的心理性服务会使服务的层次上升，使顾客感到心满意足，物超所值。

二、美容院如何运作优质的顾客服务系统

1. 劣质的顾客服务是亏损的开始

很多业者认为，“好”的顾客服务就是倒茶水，拿杂志，与顾客聊天，亲切有礼地说“欢迎光临”、“谢谢光临”等，但这些只是表面性的顾客服务。顾客服务是一种付出，而不是收入。最主要的目的在于保留长期顾客。如果说劣质顾客服务代价昂贵，那么好的顾客服务是无价的，可以帮助你成功经营事业。

首先，你必须了解顾客服务兼具行销与管理的功能。当一个好的服务使顾客有所感受、有所感动时，相对回报的即是口碑宣传。当全店共同经营这个使顾客满意的服务系统时，也就建立起一个共同努力的目标，美容院的生产力和获利性必定会不断地提升，也就发挥了管理的功能。

“起步就是结果”，当起步的目的、方法和规划性错了，也就代表着结果不会是我们所预期的。因此，“谋定而后动”就是如何建立并实施“优质顾客服务系统”。

2. 如何运作优质的顾客服务系统

（1）实行全面管理

应由经营者先行定出简明的顾客服务宗旨，并在和工作伙伴沟通后形成专属的服务声明，并随着美容院的发展，形成自己特有的经营风格，所有员工都必须严格遵守，经营者也不例外。

（2）认识你的顾客

你必须要熟悉顾客，而且必须了解顾客对店内的喜好，以及希望如何改善，他们的消费需求与期望、消费的动机、满意程度如何，以及如何才能持续赢得顾客的芳心。现在就着手问店内每一位顾客，然后忠实地记录下来，以求改进，这样你才能持续得到顾客的厚爱。

（3）建立服务品质的标准

顾客服务并不是抽象的概念，每一项业务都可能在改善之后形成特有的实施方法，像美容院中标准的服务操作流程。例如在做美容护肤时，如何正确判断顾客的肤质，并建议顾客选用适当的护理项目和护肤品；在护肤时，通过标准的操作过程，正确表达每一个程序对顾客皮肤的作用。正确的资讯传递会使顾客产生信任感。这样便建立起服务品质的标准。

（4）唯才是用

唯有称职的员工才能提供优质的顾客服务，才能有效地留住顾客。要使顾客满意，就必须雇用优秀的员工。唯才是用，有效、有系统地培训员工，可使员工确切了解美容院的顾客服务标准，为顾客提供最佳的服务。高酬劳与优秀员工是等价的。对突发事件的危急处理能力是全店员工培训教育的重点。

（5）奖励服务成就

"鼓励是灵魂的补药"，奖励杰出的表现是绝对必要的。同样，顾客的优良行为也值得奖赏，美容院的善解人意将使顾客和员工怀念在心。认同顾客，才能和他们建立长期的合作关系。

（6）与顾客维持密切的关系

"优质服务系统"的秘诀就是持续不断地联系、研究你的顾客，并从中学习，而当中"倾听"是最重要的课题。当顾客接受你的服务或购买你的产品之后，你们之间才真正建立起关系，而且此时也是推销、保留顾客的最佳时机。

（7）好，还要更好

没有任何一个系统是完美的，你必须持续努力改善你服务顾客和保留顾客的实施计划。顾客和员工对于你企图超越现状的动机，通常都会给予正面的评价，因为他们了解你正在尝试做到最好。

满意顾客的需求是你经营事业的唯一目标，一旦你达成目标，业绩成长、收益会自然而来。

三、顾客的不同性格类型及相应的接待方法

待客，作为一门专业的技术，是专业美容院必备的技能。要想成为一位真正出色的美容师，就要对形形色色、各行各业的人都应对自如，使美容服务收入与销售收入与日俱增，这也是美容院经营的最终目的。因此，学习专业的待客之道就显得尤其重要。

首先，顾客的差异性很大，要求也有所不同。顾客在美容院停留的时间平均一次在两个小时左右，这与在一般商店购物的时间比较起来，算是非常长了。这样，顾客体会店内气氛的机会就相当多。但在另一方面，时间长了损害顾客心情的机会可能也会增多。

因此，为了不损害顾客的心情，下面我们就来介绍一下顾客的性格类型，便于美容师以不同的方式进行接待。

1. 顾客类型

① 性急型：性情急躁，爱发脾气，喜欢改变。

② 迟钝型：爱好始终不强烈，不易兴奋。

③ 含蓄型：性情固执，对周围事物不熟悉，规规矩矩，一丝不苟，对别人的关心不加理睬。

④ 健谈型：聪明，适应力强，为人大方，对人漠不关心，非常感情用事。

⑤ 抑制型：爱好永久性强烈，不易兴奋。

⑥ 疑虑型：聪明，缺乏独创性，怀疑，嫉妒心强。

⑦ 知音型：容易兴奋，爱好改变不强烈。

⑧ 包容型：乐观，亲切，害怕权威。

⑨ 挑剔型：个性偏执，不轻易相信别人，爱挑剔。

上面几种顾客的性格特征，可作为美容院的技术人员在对待顾客时的参考。

2. 待客方法

只有准确地掌握顾客的心理，并将顾客科学合理地分为不同的类型，因人而异地采取不同的销售策略，才能促成销售的成功。

（1）针对性急型顾客

此类顾客性情急躁，容易动怒，对其想要的服务应迅速招呼接待，使其感到我们的动作快，切莫让其感到不耐烦。

（2）针对迟钝型顾客

此类顾客不会轻易决定购买或确定服务类型，必须要耐心地倾听，再诱以谈话方式，与对方沟通，促使其接纳最合适的服务项目或产品。

（3）针对含蓄型顾客

美容院要从其动作或表情中留意他想要关心的事物或购买动机，进行对答时也应谨慎。面对此类顾客，需仔细观察其肢体语言，我们的服务才能正中其下怀。

（4）针对健谈型顾客

此类顾客有发表倾向的个性，很容易即能探察其消费动机及对产品的意见，从其侃侃而谈中，掌握其偏好，适时促销。

（5）针对抑制型顾客

此类顾客眼神不定，难作决定，必须详细说明产品类型、颜色、效果、价格或服务项目的内容，并设法排除其抵抗心理，只要其心中有安全感，必能两全其美。

（6）针对疑虑型顾客

此类顾客个性偏执且难以相信别人，在谈话时务必了解其疑虑点，耐心细致地一一说服，解开其心中各种问号，对方即能在体会产品品质和服务内容后，成为长期顾客。

（7）针对知音型顾客

此类顾客自命内行，对产品似懂非懂，应设法迎合其心意，争取共鸣，特别关心其对产品的使用方法，有时也可以请教方式与其沟通，不要因相知而不为其费心推销。

（8）针对包容型顾客

此类顾客外表斯文，自尊心较强，顾面子，所以对话时要客气、谨慎，使其感觉实在，可信度高。

（9）针对挑剔型顾客

对此类顾客，切忌多言，言多必失；切忌与其恶言辩论；细心听取其批评，了解其偏执的原因，也许是曾经听了他人的意见所致，要想办法解开其心结。

四、如何让顾客信任美容院

如何让顾客信任你的美容院是一个当前令美容院最为关注的问题，因为信任是美容消费的前提，信任是质量和服务的保障，没有信任，一切无从谈起。消费者不会信任一家卫生设施不完备、条件差、证照不齐、人员文化素质低下的美容院。

那么，美容院具备什么条件才能让顾客产生信任感呢？

1. 具备法定许可证

美容院应自查：营业执照、卫生许可证、物价局发的物价表、医疗机构执业许可证是否俱全？是否在审核的有效期内？

美容业是一个不稳定的行业，无任何保障，况且美容院遍地开花，今天租个门面开张，明天便可关门转移，已开业几年的美容院，转眼间也可能会消失。因此消费者一定会擦亮眼睛，认真辨别真伪，不会被“虚假”的荣誉所“蒙蔽”。

2. 具备专业的卫生消毒设施

美容院是“公共”服务场所，你所使用的毛巾、海绵扑（洗脸用的）、床罩、化妆品、卫生环境都必须具备一定的水准，美容院早、晚要用紫外线灭菌消毒，避免交叉感染。

3. 美容师要优秀

美容师要为顾客提供优质的技术服务，并对顾客进行专业的美容教育。

4. 美容院要设有顾客管理档案

美容护理是一个长期保养的过程，在顾客第一次接受美容服务的同时就应自动建立顾客管理档案。通过档案可为顾客提供包括应季皮肤护理计划在内的许多全面、周到的系列服务；可以随时查询所需资料；可以对顾客情况进行分析、归类，并制订合理的顾客跟进服务计划。

5. 保护消费者的权益

随着广大消费者生活水平的不断提高，人们在爱美的强烈意识下，如有不慎被美容院的个别美容师误导或用错了化妆品，使面部不同程度地受到损伤，或是发生争议时，美容院应及时妥善采取措施，不让消费者的权益受到侵害。

6. 具备专业的皮肤检测设备

规范的、专业的美容院在接待新顾客前，必须先进行科学的皮肤检测，并根据检测结果帮助顾客选择适合其皮肤类型的护理项目，并选配适用的居家保养品。皮肤检测是专业美容院的一项基本工作，也是非常重要的工作；对顾客进行皮肤检测就像专业医生对待病人一样，要对症下药。既可体现美容院的专业性和权威性，又能为顾客提供最佳的护理疗程和最佳的产品搭配，以起到最佳的护理效果，提高顾客满意度。

五、正确处理顾客的意见反馈

1. 顾客对美容院的意见

在对美容院某些顾客的调查访问中，收集到一些普遍的意见，详列如下，供美容院经营管理者参考。

（1）关于美容师素质

美容师素质不高，体现在工作时像推销员一样，只顾硬销，对产品及疗程的认识不足，也未能介绍合适的产品或疗程给顾客。有的美容院有时由学徒，甚至家庭佣工充当美容师为顾客服务。另外，美容师的专业知识不足，对产品认识不够，没清楚讲解产品的特性及副作用，只是游说人买，同推销毫无分别。这些都会引起顾客不满。

（2）关于收费及缴费模式

有些顾客认为疗程长及产品的收费高昂，应稍作调整，适合一般市民的负担能力。有些美容院没有明确列出各项收费，次次不同，或因人而异。预先缴费的模式对顾客不公平，因疗程套餐多有期限，逾期作废，遇上美容院停业，消费者也没保障。虽然购买疗程套餐比单次服务获若干折扣优惠，但美容院可先提高价钱，才给予折扣，因此对顾客来说也不一定划算。

（3）关于销售及广告手法

有些顾客认为美容师只想推销疗程或产品，没理会顾客是否需要。最令顾客讨厌的销售手法包括：

① 硬销产品或疗程，顾客不好意思拒绝，便极不情愿地买下不必要的产品或服务。一些美容师次次都逼顾客买东西，不管顾客是不是真有需要。不买，就口黑面黑，态度极差，好像欠他什么，又好似用钱去买服务，令人反感。

② 在疗程进行时，游说顾客购买产品或接受疗程，有的甚至未征得顾客首肯，已替其涂上用料，顾客支出比预定高。

③ 推销时夸大效用，顾客事后感到被骗。介绍疗程时，常吹嘘功效神奇，可以收毛孔、祛斑、减皱、收紧松弛的皮肤等。又说做几次就见到效果，但是做了好几次都没有改善。

④ 以免费或优惠价、试做招徕顾客。如顾客不购买疗程套餐，便要收取服务或材料费用。如所谓“半价优惠”，原来只是做半边面，有欺骗成分。

⑤ 不断游说购买额外疗程套餐或套票。如顾客已经买了一个美容卡，美容师不断游说加少许钱还可买一张卡。

⑥ 利用优惠期有限等手法，要顾客在很短时间内付款，顾客没有充裕时间考虑。如过了指定时间，就会失去一些优惠卡的作用，好似快刀斩乱麻，不给顾客时间考虑。

（4）关于环境及方便程度

很多顾客都希望美容院能够扩宽铺面，改善环境及卫生，增加设施和美容仪器等，以便顾客能在更舒适的环境中享受美容服务。同时，顾客也希望改善预约安排及延长工作时间，方便上班族的时间安排。

此外，顾客对美容院在环境、设施等方面还有如下要求：

①空气要流通。

②放轻音乐，舒缓情绪。

③提高清洁程度。

④间隔距离适中，光线不能直射顾客面部。

⑤美容师谈话声音勿大，避免有骚乱感。

⑥应增设先进仪器，如有浴室、洗手间及休息室等设施更好。

2. 正确处理棘手顾客的投诉和抱怨

怎样处理顾客合理的或不合理的抱怨，这关系到美容院的信誉与长期健康发展。你可能拥有最好的产品与服务，提供了最合理的价格，而且能提供最全面的顾客服务，结果你仍然会遇到令人不快的顾客。无论从个人经验还是职业经验，我们都不可能满足所有顾客的要求，让所有的顾客都满意而归。记住你有你做事的方法，记住你的产品与服务并不是最完美的，记住你不可能时时刻刻满足顾客的需求与愿望，但是你一定要有改进服务、争取顾客满意的愿望。

下面的一些建议，有助于您与棘手的顾客甚至是令人讨厌的顾客打交道。

（1）耐心倾听

我们都愿意认为自己是最好的倾听者，但实际上大部分人并非如此。工作、家庭、朋友、日常琐事、义务等，占据了大量时间，使得我们变得忙忙碌碌，压力重重。即使一些好的倾听者，有时仍会出于种种原因，不能好好倾听。

成为良好倾听者的另一个障碍，是我们相信一些癖好特殊的顾客简直就是惹是生非的人。成见会阻止我们倾听逆耳忠言。所以，在对一个抱怨的顾客发脾气之前，请先深吸一口气，把你对此事的想法、你对顾客的成见统统放到一边，停下手中的事务仔细聆听，尽量了解顾客不满在哪里、不满意什么。只有花时间去询问、去倾听，才能理解是什么使得顾客心烦意乱。

（2）积极寻找解决办法

理解顾客抱怨的关键是学会站在对方的立场看问题，保证真正地听取不满意顾客的诉说，解释你的理由，然后告诉顾客你对发生此事感到抱歉。在作出这种转变之后，你会发现许多棘手问题都会迎刃而解。

顾客抱怨时，要记住他是对受到的待遇不满才抱怨。下一步你要做的是听到顾客的抱怨后，寻找针对抱怨的解决办法。

如何去寻找解决问题的办法呢？一是自己先提出一种办法供顾客考虑；二是询问顾客有什么办法，然后把他的方案与你的方案进行比较。与任何其他形式的谈判一样，让顾客提出解决办法的优点是先让对方开价，然后你就会清楚自己所处的确切位置，明白自己做什么才能使他满意。

一般来说，当顾客没有解决的办法或拒绝提出时，才是你提出解决办法的适当时间。比如，由于看错时间而错过了为顾客服务的时间，因为顾客拿出了工作中的宝贵时间，但计划没有完成，最后无功而返。此时，要减轻顾客的不愉快，你的解决办法应该这样：

① 对浪费他的时间表示歉意。

② 让他提出解决的办法。

③ 如果顾客没有解决的办法，那么你重新约定会面时间，并为顾客提出一定利益上的回报以平息他的怒气和怨气。

④ 再次约见顾客时，按时与其见面，并提供最好的服务。

如果你尽了一切努力，但与顾客关系依然无法处理好，这时千万记住要尽可能地幽默，采用避免争吵的方式让他离去。一位不可理喻的顾客拂袖而去并没有什么；关键是他怒气冲冲地走了，之后告诉别人你们提供的产品、服务很恶劣，那样对美容院的影响可就大了。因此有效地掌握处理棘手顾客的方法和技巧显得尤为重要。

六、美容院提高顾客满意度的策略

目前，美容院已遍布全国各地，经营者对顾客满意度关注日益加强。顾客对服务的质量和期望值需求也日趋强烈，他们不但需要纯正的专业技术服务，同时希望能以最低的价格获得最满意的服务。由于美容行业竞争的激烈和消费者自我保护意识的成熟，美容院经营者承受的压力越来越大，那么，美容院如何突破面临的压力，实现收入的稳步增长呢？这不仅要有舒适的硬件环境，更重要的是要不断提高自己的服务品质，为顾客创造健康安全的消费环境，赢得顾客满意，其实质也就是要争取顾客的回头率，开发更多的客源，因此顾客的满意度是经营者首先要了解的内容。

1. 什么是顾客满意度

顾客满意度就是以顾客为中心，客观地认知顾客要求，并利用我们所有的资源来满足这些要求。顾客满意度可以从5个方面衡量：对顾客的承诺、对改进质量要求的解决、顾客满意度的确认、顾客满意效果及顾客满意度比较。顾客满意度是美容院全面质量管理的重要组成部分。顾客确立的期望、标准和绩效要求推动全面质量管理，全面质量管理的核心就是通过产品的运用和技术服务去解决顾客的问题。

① 理解顾客的期望和要求。

② 确立本店（院）与其主要竞争者在满足这些期望和要求方面成功的程序。

满意的顾客会给美容院带来广阔的前景，可以增加收入、降低经营成本。近来由于国家对行业管理力度的加强，医学美容和生活美容的严格区分以及平均利润的降低都对美容院经营提出了严峻的挑战，美容院必须考虑财务状况及应优先发展的服务项目，实施这些的重要因素是进行顾客满意度调研。

2. 进行顾客满意度调研的目标

尽管“使顾客满意”看起来是个基本概念，但对许多美容院而言，在这一领域开展认真的调研还是新的尝试，所以，在调研之前必须明确顾客满意度调研的目标。

① 确定导致顾客满意的关键性因素。

② 评估美容院的绩效及主要竞争者的绩效。

③ 判断轻重缓急，采取正确行动。

④ 控制调研的全过程。

顾客满意度调研曾是市场营销调研预算中一个无足轻重的要素，但如今已发展为一个重要的组成部分，可以说取得了长足的进步。但是仍然存在很多问题。

例如：在今年某公司的一次调研中，调查人员随机选择了一些成年女性，询问她们认为使顾客满意的真正含义是什么。尽管不乏积极的评论，但大多数回答是消极的，我们摘引一些真实的问答：

A．美容院在“掏我腰包”的时候当然是满意的。

B．我总认为免费美容是一个骗局，一种促销手段。

C．现在这年头，真是很难讲——欺诈太多了。

D．美容院的收费不标准，有种挨宰的感觉。

E．他们试图取得顾客好感，但事实上往往弄巧成拙。

F．他们本应考虑顾客的需要，但大多数只向你推销产品，忘了顾客需求。

对于那些达到前面所列顾客满意度调研目标的美容院，顾客的消极评议较少。一个真正以顾客为导向的美容院会将消极认知转化为积极的态度，更重要的是一开始就要防止出现消极态度。

调查顾客满意度的挑战在于，要认识到这一调研只是提高顾客满意度全过程的第一步。美容院必须有高度的紧迫意识，必须按调研反映的问题逐一改进，层层落实，使每一位前来消费的顾客高兴而来，满意而归，顾客满意度调研才有实际意义。

3. 获取顾客意见的途径

美容院可采用以下途径获取顾客的反馈，调查顾客的满意程度，以便作出改进。

（1）顾客主动反馈的信息的获取

要获得顾客主动反馈的信息，美容院应方便顾客投诉，鼓励顾客投诉。可以设立免费投诉电话，公开投诉电话的号码，也可在服务场所的显著位置设置顾客投诉台，派专人受理投诉。这些措施都能为顾客提供投诉的方便。通过奖励提出有价值意见的顾客，或对顾客提出意见表示衷心感谢，则可鼓励顾客主动投诉。但最好的鼓励方法是根据顾客提供的情况，立即查清事实，尽快给予明确答复，表现出对顾客意见的重视。

对顾客提出的意见、建议等作详细的记录，并定期进行分析，美容院往往可以从中发现更有价值的内容。

（2）顾客流失分析和新顾客调查

美容院应高度重视流失的顾客，尤其是流失的核心顾客的意见。深入了解他们流失的原因，管理人员才能发现经营管理中存在的漏洞，及时采取改进措施，防止其他顾客流失，甚至将流失的顾客拉回来。

深入了解新顾客购买的产品和服务的原因，则有利于保持强化企业产品和服务相对竞争的优势，对于提高市场沟通活动的效果也大有益处。

（3）通过人员接触获得反馈

美容院工作人员与顾客频繁接触，他们往往最了解顾客的意见和要求，利用他们来获取顾客的反馈，是一种经济而有效的方式。但要用好这种方式，美容院必须培训员工，使他们掌握沟通和倾听顾客意见的技巧，形成重视顾客意见的意识，同时还应采取奖励措施鼓励员工反馈顾客意见。管理人员更应利用各种途径接触核心顾客，了解核心顾客的意见。

（4）战略性活动的开展

为了深入理解顾客的需要，提高与顾客沟通的效果，美容院可能进行一系战略性活动。如选聘与核心顾客有较多相似性的员工；邀请核心顾客参加新员工的招聘工作；邀请顾客参与产品和服务的设计工作；邀请顾客加入企业的管理决策机构，参与一部分经营决策，这是一种更高层次的战略性活动。

4. 提高顾客满意度的策略

（1）沟通

提高顾客满意度首先要建立彼此友好和谐的人际关系。良好的沟通技巧可帮助美容师超出美容话题，进而延伸到表达关心及了解顾客心理、生理状况的层面，以真正了解顾客需求，并满足其需求。

（2）微笑服务

“微笑”是世界通用的语言，微笑是人际关系的润滑剂，微笑服务是提高顾客满意度的必备武器。以笑容与人接近，即使对方的情绪不稳定，但也会因为你的笑容而显得开朗一些，所谓“伸手不打笑脸人”即是这个道理。微笑必须是发自内心的、真诚的，而非脸上硬挤出来的笑容。除此之外，当美容师在电话中与人交谈时，更别忘了微笑，虽然在电话的彼端看不到你的笑容，但可以肯定的是，对方可借由声音感受得到。

（3）给人好感的自我介绍

与顾客接洽得顺利与否，关系着销售是否成功的百分之八十的比例，自我介绍的重要性可见一斑。这个简单的步骤——自我介绍，可以使和谐关系的建立过程恰到好处。一种友善的自我介绍有助于避免或化小许多美容师在发现他们自身面临消极不利的状况时（如为善于抱怨、易怒的顾客服务）发生的不愉快。另外，良好得体的自我介绍亦能除去被误会为助理的窘境。其次，对于你的交谈目的作一番说明，可以得到顾客的注意，并能显示出你对他的关心，以此达到不同类型顾客的满意度。

（4）善于运用聆听和询问

“善于言谈者必善于聆听”并不是指“会说话的人，也善于听别人说话”。它的正确含义是：一位好听众，才是一位懂得说话的人。上帝给人一张嘴，两只耳朵，这多少告诉我们“听”比“说”更重要。在没有发现“对于顾客，什么是最重要或最需要”之前贸然提供讯息，无疑是告诉顾客你不是在关心他的需要或问题，并且该讯息很快就会被遗忘。因此，唯有确定你了解顾客，让顾客完全感到你确实了解他的需要后，你的讯息才会被重视。

其次，写下顾客的要求将显示你对于该资讯非常重视。对于受教育程度或消费能力较低的顾客，也要一视同仁地提供良好、完善的服务。也就是说，以尊重的态度善待你的顾客，将会增强彼此和谐的关系和顾客满意度。

（5）带有感情地传达信任

“话中带有感情”是美容专业人员应具备的一个重要特色。如果你期望你的话会带来重大的意义，就必定先发展和顾客之间的信任关系。

（6）彻底了解顾客

顾客导向型的企业认为顾客是最宝贵的资源。因此，美容院必须像管理其他资源一样对顾客进行管理，做到像了解公司商品一样了解顾客，像了解库存变化一样了解顾客的变化。

广州有一家大型美容院，顾客一旦走进美容院，前台小姐即恰到好处地迎接顾客，前台小姐对于熟悉的顾客，便会迅速地将顾客的名字输入电脑，有关顾客的档案资料会马上显示出来，然后通过联网，里面的服务人员也会同时知道来了某位顾客，根据电脑储存资料，预先想好了如何招待、服务顾客。前台小姐对于不熟悉的顾客，也会利用高超的谈话技巧，尽量在极短的时间内得到顾客的姓名及有关资料，传送给里面的工作人员。如果是新顾客，他们就会把顾客的情况输入公司的电脑中；如果顾客超过一定的时间没有再次使用他们的服务，电脑会自动打出一份提醒通知。该公司吸引顾客的一个举措是为顾客提供优惠卡，顾客每多一次使用他们的服务，就能得到更多的优惠，结果90%的顾客成为回头客。

（7）追求零顾客成本

顾客成本即顾客在交易中的费用和付出，它可以表现为金钱、时间、精力和其他方面的损耗。许多美容院已经意识到培养忠诚顾客很关键，但做法却往往不得要领。当我们在一家美容院因得到不好的产品或受到不好的服务而投诉时，美容院的处理方法通常是以产品折价甚至免费的方式给予经济补偿，期望以此获得顾客的忠诚。但这样的方法只能平息顾客一时的怨气，却无法得到顾客的忠诚。因为顾客真正想要的是质量过硬的产品和良好的服务。培养忠诚顾客的最有效方法是将顾客成本降低为零。切记，降利润、牺牲自己的利益无法达到同样的效果。

（8）内部顾客也是“上帝”

顾客的购买行为是一个在消费中寻求尊重的过程，而员工在经营中的参与程度和积极性很大程度上影响着顾客满意度。联邦快递认为：“无法想象一个连内部顾客都不满意的企业能够提供令人满意的服务给外部顾客。”当其内部顾客的满意率提高到85%时，他们发现公司的外部顾客满意率高达95%。

（9）抛弃传统的绩效考核

日本资生堂旗下的“欧珀莱”化妆品的专柜小姐显得格外与众不同，完全以客观的态度对产品进行演示，丝毫没有针对顾客个人的“推销”成分。如果得知顾客是外地人，他们还会热情地向顾客介绍居住地的专卖店。这种居然推掉“上门生意”的做法是因为他们的收入与销售额完全脱钩，只需要让每一位在柜台前面驻足的人满意就行。

在“派”专卖店中，只有店长有销售任务，店员的收入和销售额则丝毫没有关系。店长不直接与顾客打交道，只要对员工与顾客的每一次接触进行观察和打分，并在顾客走后对员工予以提醒或鼓励，打分表就成了员工奖金收入多少的依据。

（10）现场管理更高效

在体育比赛中，选手身边都有他们的教练在急切地关注着他们，注意他们的每一个细节，并在必时给予鼓励或建议。在美容院员工改进服务态度和技巧的过程中，类似的方法同样会非常有效。

制度管理不如现场管理是因为现场管理更着重于解决问题。在一项对国际优秀企业的调查中发现，这些企业100%地对员工进行了解决问题技术的培训。现场管理不但能及时发现问题、解决问题，更重要的是教给员工解决问题的方法。在一个国际著名的酒店中，领班必须将每天员工遇到的问题和适当的处理方法记录在一个专用的笔记本上。每个员工上班的第一件事就是查看这个笔记本。这样的管理能不让同样的错误犯两遍，同时使整个团队能不断地进步。优秀的现场管理人员要在问题发生之前及时介入、解围，甚至必要时接手处理事件。而在随后的空闲时间，让员工立刻进行处理这种意外情况的模拟训练及进行效果评估，使员工以后能快速地处理类似事件。

七、提高顾客的忠诚度

许多企业的实践证实，顾客忠诚度与企业的获利能力有密切的关系，顾客忠诚率提高5%，企业的利润就能增加25%~85%。因此，培育顾客忠诚度是美容院营销活动的重要目的。许多企业运用顾客满意度调查来了解顾客对本企业产品和服务的评价，并通过提高顾客的满意度来培育顾客忠诚感。

1. 忠诚顾客的购买特征

所谓忠诚顾客，在购买商品的过程中，具有如下特征：

① 经常性高频率地重复购买本店产品；

② 经常惠顾本店提供的其他各种产品或服务系列；

③ 建立良好的口碑宣传；

④ 对本店竞争对手提供的产品和促销活动有“免疫力”。

顾客满意度只是一种态度，而顾客忠诚度则关系到顾客的购买行为，因此顾客忠诚度的建立与美容院的营业利润有密切关系。

2. 建立顾客忠诚度的决定因素

（1）顾客的特殊偏好

顾客在购买产品后，多少会自觉不自觉地评估这次交易，如果评估结果满意，就有可能重复购买，因此提高顾客满意度是建立忠诚度的关键因素。具有高度偏好和高度购买率的顾客可能会成为您的产品或服务的免费宣传者，不断地向别人推荐，此类顾客是美容院最受欢迎的顾客。

（2）商家的服务态度

培养良好的顾客关系、正确的态度和跟踪服务，对培养顾客忠诚度是必要的。电脑资料库是建立顾客管理档案的重要工具，利用电脑资料库，将现有顾客或是潜在顾客的姓名、住址、联系电话、喜好、生活习惯等各项资料储存起来，并在重要顾客资料中加注个人的其他相关情况，对顾客进行系统的全面的个性化的专业服务，来建立顾客忠诚度。

3. 建立顾客忠诚度的好处

建立顾客忠诚度可以节省以下费用：

① 可以减少营销费用（争取新顾客的费用会更高）；

② 增进交叉销售的成功率，导向一个较大顾客占有率；

③ 赢得更多的正面的口碑效应；

④ 减少失败的费用；

⑤ 减少顾客营业额的花费。

4. 建立顾客忠诚度的手段

建立顾客忠诚度的手段有很多，例如：

① 逢年过节的问候（卡片、小礼物、电话问候）；

② 顾客生日时送礼物，比节日时隆重一些；

③ 记住顾客的名字，并能为其提供个性化的服务；

④ 季度或半年举办一些小型顾客联谊会；

⑤ 给予老顾客的服务优先权或其他优惠；

⑥ 适当的时候能满足顾客的一些特殊要求；

⑦ 适时的时候进行电话联系；

⑧ 当知道顾客家中有事时，上门拜访；

⑨ 适时递送最新信息或资料。

5. 提高顾客忠诚度的策略

顾客即事业，这是必须传达的观念。美容院的消费形态与一般商场的消费形态不同，一般商场属于开放型且自由的消费形态，而美容院则属于技术导向型的消费形态。因为消费者到美容院消费纯为仪容修整和给自己一个身心放松的时刻。

熟知服务业的人都知道，顾客往往在成交之后，才是真正服务的开始，即所谓“成交前看效率，成交后看频率”。频率指美容师在与顾客成交后，服务顾客以及与顾客会面的次数，以及是否能时时掌握顾客的需求，提供其需要，分享商品新资讯及行业之外的资讯，以建立顾客忠诚度，美容院的营业额便随之提升。

（1）给顾客提供超值服务

美容院生意的好与坏，其间的差异一般看来可能是与立地条件、周围环境、服务设备、服务品质、广告宣传及经营者本身有关，这些因素固然重要，但给顾客提供优质、高效的服务，尤其是“心理服务”更是影响营业状况的重要因素。顾客认为美容院技术好，实际上包括了心理的满足感。为顾客提供他们所期待的最佳服务，博得顾客好感，则美容院的生意一定兴隆。

（2）以建立美容师专业形象来提升顾客满意度

一个优秀的美容师，不仅要具备纯熟的专业技术和专业知识，更要具备像专业医生一样的“专业形象”和“专业权威”。

①“望”：观察顾客的神情、态度。

②“问”：倾听、询问、了解顾客真正的需求。

③“闻”：根据自身专业，了解顾客需求，并满足顾客需求。

④“诊”：要与顾客保持联络，时时追踪调查及了解顾客的满意程度，及时作检讨改善。

只有真正给予顾客很实际的帮助，也就是顾客满意你的服务，才会对你产生信赖感，进而成为你的长期顾客。“顾客”便是在每一个美容师尽心尽力的服务过程中一步一步累积起来的。

（3）将顾客组织起来

一般美容院都以该店所在地作为营业范围，顾客有80%以上是附近居民或上班族，其中有90%是固定顾客。美容院将顾客组织起来，不只局限于美容院中的服务，也可举办假日休闲活动或是固定聚会、美容新知咨询会、流行发布会、亲子活动会等，让老顾客感受到你回馈的心意。此外，如果能力与时间许可，定期发行会讯或俱乐部会刊，既可起到广告宣传的作用，又可达到技术信用的诉求。

（4）预防顾客喜新厌旧

依据美容护理的统计调查显示，美容院每年约有20%的顾客流失率。因此若要稳定美容院的营业收入并增加利润，就要留住老顾客和不断地开发新顾客。首先，要确实掌握顾客减少的原因；其次，拟定增加新顾客的对策。此两者要紧密结合。

研究显示，美容院是一个经营美丽和流行时尚的服务行业，如果认为只要技术好和服务好，就不怕顾客不上门，这是完全不正确的。因为顾客难免有喜新厌旧的心理，所以即使技术和服务再好，若没有推陈出新的观念或领先的技术，顾客在心理上会觉得疲乏和无趣，若有其他的选择，顾客很有可能会去试试。

为了避免这一现象的发生，美容院经营者必须时时想到如何根据季节的变换来改变店面形象，如更换海报、更换橱窗、更新产品，以及根据季节性皮肤问题而推出新的疗程设计等。

（5）满足顾客的第二需求

美容院除了有良好的技术、设备、服务外，还得运用现代化的经营理念，研究顾客的需要，满足消费者。顾客需要什么，就提供什么，和顾客打成一片，成为顾客所喜爱的美容院，这是新一代的美容院经营新观念。

顾客到美容院，除了解决面子问题，还能解决心理问题，逐步使到美容院做美容成为他们生活的一部分，不再是一种奢侈的享受。妇女已从家事及工作上解脱，到美容中心悦己也悦心；把它当成解脱不良情绪的新场地，在做脸享受的过程中也能吐露心声或家庭的琐事，并希望知道一些流行趋势。

身为美容师，如果能了解到顾客的“第二需求”，就能够知道现代的顾客与以往的顾客有很明显的不同，为了应对顾客的变化，美容师的涉猎范畴必须广泛，应该包括人际关系与人缘吸引迈向成功的自我管理、生活觉悟、夫妻相处之道、男女之间等现代流行讲座的内容。所以，美容师将由美容专家的角色发展为心理专家、亲密的朋友、慈祥的妈妈等多种角色。

（6）体贴入微是留住顾客的条件

儿童心理学家指出，要与小朋友打成一片，要他们信任你，首先要有“同理心”。什么是“同理心”？就是你要当自己是小朋友，说话、思想、游戏时，也从他们身处的环境及角度出发，这样才会感受到他们的需要，从而作出体贴关怀及照顾，这样他们才会与你建立一种亲密关系。

我们常说美容师要想留得住顾客，除了要有一个对顾客真正帮助的疗程外，服务态度也要好，要以诚待客。但是怎样待客才算是“诚”呢？事实上最紧要的就是要有以上所提的“同理心”，懂得体贴顾客。例如，一位美容师见到顾客穿着大衣，就会主动帮顾客挂起，还提醒顾客最好先脱下，以免做完facial起身感到冷；当做完facial时，又会先关掉冷气，才让顾客起身穿外套，以防着凉等。这些简单的动作，其实每个人都可以做到，奈何没几间美容院真正注意到要这样做。

不要小看这几个细微的动作，只要换转身份，当你是顾客时，你就会觉得这个美容师是真的从顾客的角度出发，从而增加对美容师的亲切感，而美容师只有做到了这一点，才能真正抓住顾客的心。

很多时候美容师对顾客不好，就是想不起要以顾客的角度去考虑其需要，这样就难以拉近彼此的距离，顾客感受不到你的亲切与体贴，自然就会转向别家。所以作为服务性行业，细微的地方一定不要忽略，因为这可能就是成功与否的关键。

（7）美容院里让人难忘的小细节

① 在室内放置让人放松精神的物品，使顾客感到放松并获得愉悦感。

② 准备一壶特制茶或草药茶、夏季清凉茶、冬季暖茶都是相当雅致的方式，可以让顾客备觉暖心。

③ 准备一种接待顾客的饮料，即使顾客来时并不觉得口渴，也为他在护理之后备上一瓶未开封的矿泉水及一个纸杯。

④ 不要忘了准备可调节气氛的音乐，可以到音像店挑选CD盘，只要感觉是对的、适合的，就拿回来。

⑤ 一个简单而乐行的方式：为顾客准备三个小枕头，分别放在头和两个膝盖下，用单色的枕套套起来，或使用三个品质好的海绵也行。

⑥ 在进行脸部护理后，不要忘了为顾客清理眉毛附近的杂毛。虽然是小举动，却能让顾客觉得体贴。

⑦ 为进行身体护理的顾客准备一次性纸裤，一般第一次时需要你主动提供，以后则视情况而定。

⑧ 更衣时，美容师最好不要在现场，免得顾客感觉尴尬。

⑨ 产品使用前应在你的手里温一下，顾客不喜欢突如其来的刺激感。

⑩ 盖在顾客身上的棉被以及小被单都应巧思妙选，给顾客留下好印象。

⑪ 为顾客进行身体护理时，要注意不要让顾客着凉。把整个房间温度调高并不是很经济，可以考虑用一种红外线灯泡放置在顾客上方，既可保温，也可让肌肉放松，同时让护肤产品更易吸收。为了节约，你可以在护理进行时才使用，或当顾客开始更衣时就可以打开，使温度上升，让身体感觉舒服。

⑫ 洗澡的地方，除了沐浴乳之外，不要忘了准备浴帽。

⑬ 准备一台微波炉，将脸部使用的毛巾先蒸热；至于身体用的大毛巾，可以用专门机器或烘干机稍微加温。

八、美容院招徕顾客七大对策

近年来美容业竞争激烈，所有美容院无一不拿出看家本领、独门招数，其目的只有一个：招徕并留住顾客!

如何留住心思多变且多样化的顾客，如何满足顾客的口味，成为美容业经营者必须要思考的问题。

美容院隶属于第三产业（服务业），更细分出来为第四产业（高级服务业），其工作本质更具服务性。服务的精神在于“服务的态度”和“服务的行为”，美容院的待客之道皆离不开“服务顾客”。而如何“招徕顾客”和“维持顾客”则成为业内经营者的经营秘诀。

1. 营造顾客喜爱的店面形象

美容业在服务产业的领域里扮演着相当重要的追求时尚的角色。美容院吸引顾客入店主要是依赖于店铺形象、待客服务和美容技术这三个因素，这是美容院开拓客源的基本依据。

置身于一个操作美容护理的环境中，它的装潢及整体的品位对吸引新顾客具有很大的影响。有很多新顾客会在多次观察美容院的店面环境以及进出的人数后，才会考虑是否进入。因此，店面环境的卫生、整齐和秩序是相当重要的，环境的安排应与美容业的本质及特性合为一体，这是美容业内涵的延伸。美容院室内的装潢以及摆设无论是色彩、产品销售、柜台、沙发、茶几和壁画等配置，都应该达到完整的配合，也就是整体要有美的表现。毕竟做好体贴完善的规划，对接待顾客以及使顾客舒缓压力、疲劳上有极大的裨益。

在店面的外在形象上，橱窗设计扮演着最重要的角色，“完美的橱窗设计”不但能引人驻足欣赏，甚至可以刺激消费。将本店的经营特色表现在橱窗上，不但能加深人的印象，更不乏宣传的功效。因此，在布置时应该恰如其分地运用艺术品位，充分表现陈列品的优雅美感。另外，由于美容院大多属于中高价位的消费，店面的外观应采取情调诉求的包装，也就是高级、典雅、唯美的呈现，切忌令人有低俗、廉价的感觉。

在店面的内在形象上，除了整体的色彩、装潢、配置要协调，没有压迫感外，还有柜台位置必须明显，摆设的电脑、收银机、电话或名片、宣传单都应整齐，不可凌乱，寄存物品的柜子应干净、整齐。接待室应有舒适的沙发，杂志、报纸陈列架，不同的商品具品位地摆设，提供欣赏的同时也可促进消费。至于室内则应注重安全可靠的卫生设备，照明和壁纸质感要好，以及独特的音响设备、清新自然的室内空调等。

2. 丰富店内活动

一般人都认为电视、报纸、宣传广告的宣传力量非常大，但美容院的宣传却有所不同，顾客与顾客之间的口碑宣传对开拓客源有着相当大的影响力。

因此，美容院开拓客源最根本、最重要的是通过平时店内的活动，向顾客宣传服务和美容技术，给顾客留下良好的印象，来加强建立口碑的宣传效果。

顾客的差异性很大，要求也有所不同。如工作很忙的顾客希望美容师手艺高且动作迅速；时间宽裕的顾客，则希望悠然自在的服务。所以，符合顾客个性的服务也是满足顾客要求的一门技术，但这门技术是与美容的服务紧密联系在一起的。

3. 顾客的组织化

因为大多数美容院都以区域内的顾客为对象来经营，所以确保固定客源是很重要的。比起固定客源来，更重要的是开拓新客源，如有可能，就实行顾客的会员制度，谋求固定的组织化。

组织顾客的方法有以下几种。

① 一般会员制度。

② 入场券会员制度。

③ 介绍卡会员制度。

④ 美容讨论会员制度。

组织方式各种各样，对于美容院管理重要的是要采取适合自己的组织方式。组织顾客的方法不单单局限于美容院的服务方面，还可以不定期地举办一些活动，如聚会、美容研讨会、趣味讨论会、服饰研究会等，加强与顾客思想、感情的交流。因此，在这方面下工夫是很重要的。

在通常的情况下，美容院的固定客源，每年要减少10%左右。例如，在现在的顾客簿上，平时经常来美容院的顾客，一年过后，有近10%的顾客会被新的顾客所替代。

因此，美容院为了确保一定的顾客，每年必须开拓10%以上的新客源。所以第一要采取对策，牢牢地稳住自己店铺现在的固定客源；第二要常有开拓新客源的计划和对策，这是美容院生意兴隆的关键。

4. 充分利用介绍卡

开拓客源的一种有效方法就是充分利用介绍卡。这种介绍卡，比起经由小道消息进行宣传又要前进一大步。它的主要目的就是积极地去广揽会员。

这种方法就是把介绍卡散发给来店美容的所有顾客，如果其向美容院介绍顾客5人以上，那么，就能从美容院得到一份纪念品或一定数目的奖金。图2是介绍卡的内容。

（正面）

介绍卡

顾客姓名：＿＿＿＿＿＿先生/小姐

我把××先生/小姐作为会员，介绍给＿＿＿＿＿＿贵店，请贵店给其以“会员”优待。

会员号码：No. ＿＿＿＿＿＿

介绍人姓名：＿＿＿＿＿先生/小姐

（背面）

对持有介绍卡的顾客特别优待

1．对冷烫的顾客，免费洗发。
2．今后以该店的会员看待。
3．免费提供美容新信息。
4．入会时，赠送纪念品。
5．会员的美容费用为五折。
6．其他的特别优惠政策。

图2　顾客介绍卡

对于使用介绍卡的顾客，美容院提供不同的服务，重要的是服务的内容要符合美容院的经营状况和不同时期的美容动向。但是，一般来说，以介绍卡的背面写的服务内容为基础来考虑，可能是比较恰当的。

5. 充分利用“顾客地图”

因为美容院的顾客来自四面八方，所以，我们要清楚地了解并掌握自己的顾客哪个地区来的最多，哪个地区较少。例如，距离相同的A、B地区，A地区的顾客非常多，B地区的顾客非常少。在这种情况下，就应认真考虑：为什么来自A地区的顾客较多，而来自B地区的顾客较少呢？

我们认为来自A地区的顾客较多的原因，可能是A地区位于火车站与美容院之间，或者是A地区的美容宣传做得比较好，或者是经由熟人介绍，或者是美容价格适合A地区的顾客，或者是A地区的交通方便。根据“顾客地图”，可以归纳出这些原因。

来自B地区的顾客较少的原因，主要是B地区周围有竞争的美容院、交通不方便、宣传广告不周密、美容价格不符合该地区的顾客。

在判断这些原因的时候，为了更容易地掌握地图内容，不妨在地图上标示出顾客的地址，并做上记号，这样才会一目了然。这种方法是比较好的方法，称为“顾客地图”法。

“顾客地图”的制作方法：

① 首先，要准备一张以自己店铺为中心的地图（比例尺为1∶1000）。

② 在这张地图上，以自己店铺所在地为中心，画半径分别为250米、500米、750米、1000米的圆圈。

③ 然后，从顾客簿上挑选出顾客的居住地，在地图上标示出其位置。

④ 对于特别的会员，要用不同的颜色在地图上标绘其位置。

⑤ 最后，在地图上标明自己竞争对手（其他美容院）的位置。

这样，就制成了一张顾客地图。根据地图进行分析判断，就能从地图上知道这个地区的大致情况。例如，自家美容院的顾客集中，而且大多来自集体宿舍区、公寓较多的地区，美容价格就必须与技术水准相一致；来自高级住宅区的顾客较多的时候，必须注意讲究对策，服务要热情周到，店铺装潢要美观。

顾客来源较少，很可能是广告宣传不够、美容价格及店铺形象不适合该地区的顾客或是交通不便。因此，必须研究对策，加强广告宣传工作。

6. 部分利用广告宣传

广告宣传的目的在于以各种宣传方法说服顾客来从事消费行为。而宣传的途径有口碑传播以及大众媒体宣传。大众媒体宣传即广告，广告方式可分为

"印象广告"和"具体广告"两种。"印象广告"是化妆品促销常用的方法。至于"具体广告",则如开业周年志庆,或某月某日起"折扣优惠大酬宾"等回馈行动,直接宣传其促销活动。缺乏宣传重点的传单或没有诚意的广告,即使花再多的广告费,亦不能达到预期的宣传效果。宣传的首要策略,唯有透过精心设计、富有创意的广告,才能得到满意的回报。换句话说,宣传的策略应针对如何洞悉消费者的胃口并刺激其胃口。

一般大家都认为电视、报纸上的广告宣传的影响力非常大,但美容院的宣传却有所不同,由顾客与顾客之间建立起来的口碑宣传对美容院的影响力是最大的。因此,美容院除了以大众媒体宣传来招徕顾客,更要以美容服务和专业技术为根本,给顾客留下良好的印象,充分发挥口碑传播的宣传效果,以真正赢取源源不断的客源。

九、美容院如何维持稳定的客源

1. 研究稳定客源的对策

一般说来,美容院的经营都与其所在地区紧密结合。来店做美容的顾客有80%以上都是附近地区的居民及上班族,其中有90%左右为稳定客源。

以美容记录卡为中心,进行稳定客源的调查,结果发现:每年有10%的稳定客源要被替代,即现在的稳定客源每年要流走10%。如果新补充的顾客少于这个百分数,那就意味着客源在减少。

对此,必须首先查出顾客减少的原因,其次才是制订解决的计划和对策。

例如:在某城郊的住宅有一家A美容院,以前这一地区没与其竞争的美容院。它虽然规模小,但因经营有方,服务周到,所以生意非常兴隆。但是住宅区的对面不久又出现了一家小规模的美容院。如此一来,美容院顾客的数量当然会有所减少。

美容业属于服务性质的行业,因此,技术和待客服务愈好,顾客就愈喜欢。但是,这种看法并没有完全掌握住顾客的心理。之所以这样说,是因为顾客都多少有一点儿喜新厌旧的心理。

不管服务是否周到,有时在气氛不同的美容院,顾客的感觉会有所不同。因此,不论是否有竞争对手,必须采取对策拴住顾客的心。

2. 店内宽敞、明亮、舒适

一家美容院的对策是,在入口附近刷油漆,在门窗上嵌上花草图案,顾客坐椅的外围也设置了花草装饰，门口放有花盆，一部分壁纸采用明亮的花色纸。另外，四方形镜子周围嵌有半圆形框子，把镜子围成拱状；把鸟笼放在柜台旁边，从而改变店铺形象。这样，顾客又慢慢地来到原来服务周到的店铺。

3. 稳定客源的宣传要点

为了确保稳定客源，就要处理好与老顾客之间的关系，提供稳定客源所要求的充实的店铺形象及热情周到的美容服务。

只把握老顾客的心理是不够的，还必须清楚地了解自己所处地域的情况，然后再考虑与之适应的美容价格政策和服务战略（表2）。

表2　稳定客源的宣传要点

地区	对顾客的宣传要点	固定客源平均百分比
商业街地区	一般说来，顾客的流动性大，因此，宣传对象不只是固定客源，而且还要注意对自由流动的顾客进行宣传，开拓新客源	80%
火车站前面	因为交通便利，商业圈能够扩大到很宽的地区，应特别加强技术方面的宣传，树立时尚形象	75%
办公大楼地区	宣传当然要以办公室工作人员为主要对象，应特别宣传技术上的方便性（预约制、技术、速度、服务等）	80%
住宅区	对顾客宣传其服务热情、亲切，给顾客良好的印象	90%
小乡镇	加深时尚印象，强调与大城市的美容业之间没有技术差距，同时宣传服务热情、亲切	93%
农村	必须给在本店美容的顾客轻松爽快的印象，不只宣传美容院，还要宣传休息室	95%

在这里，比较重要的因素是，地域条件不稳定，常常发生缓慢的变化。因此，必须尽快地发现这种变化，采取适应变化的经营战略。

美容时，顾客常常指定技术人员为其服务，其原因不只是在于技术人员本身的技术，有时是因为有的技术人员善于接待顾客。技术人员本身也有一种进取心，就是想拥有一些能够让自己得到发挥的顾客。所谓努力“创造指定顾客”的原因。与此相同，常去美容院的顾客也都会指定美容师。

为了稳定顾客，创造美容院的指定顾客是很重要的。为此，经营活动必须耐心细致，并对个别顾客采取电话宣传、会员制度、票券优待、预约制度等宣传方法。

4. 让美容师培养顾客的信赖心理

这个问题，很多美容师表示难以做到，因为现在美容院极多，顾客选择的余地大，让顾客认定一个地方很难。这其实是现时所有美容院的困惑所在，为什么顾客来了这一家又去试另一家？顾客在做什么？很简单，顾客就像一位贪吃的美食家，希望能找到一家让自己满意的特色餐厅，顾客在没有对美容院形成完全信赖的心理以前，是不会把自己定在某一美容院做固定客的。那么，作为美容师来说，如何才能培养出顾客的信赖心理呢？所谓培养，从字面上讲，就是从作为教师的角度来讲的，美容师不只是在美容院里为顾客当时性地美容，因为“师”真是包含太多的艺术性。我们提倡并要求每一名美容师都必须同时是一名合格的生活艺术导师，要真正做到对顾客的日常生活中的美容细节作一个详尽的了解，能针对顾客的身体状况、皮肤特征制订一个作息计划和饮食计划。例如，让顾客坚持以清淡食物为主，避免让自己吃得太饱，早晨起来喝些淡盐水、牛奶，午餐虽是快餐，也应尽量选择多些蔬菜的盒饭；每2小时饮少量水以补充水分，晚上入睡前一定排空大小便，并饮些淡盐水。这样的习惯保持下来，皮肤会变得细腻与白净，皱纹会变少。另外，心情要始终保持平和与开朗，不可因为工作、生活的压力而紧张，夜晚少吃夜宵，适当进行健身运动。这样的话，人会显得非常年轻有活力……美容师应得体地将这些经验介绍给客户，这样就会赢得顾客的信赖，拥有自己的固定顾客。

当然，以上这些与美容师自身文化素质有相当关系，如果美容师对专业或医学知识知之甚少，那么这些专业指导就无从谈起了。作为美容院的经营管理者，应该努力采取措施提高美容师的专业素质。

5. 服务见真情

美容院的服务并不是无目的的漫谈，而是要让顾客从进门到出门的每一环节中都能自然意会到美容院的服务精神。以下为美容院对于顾客由进门到出门应做的服务事项。

（1）进门

对于刚进门的顾客，就算很忙也要马上接待，微笑迎接，态度宜温和，不要太过热情，以免令人起猜疑心或不习惯的感觉。协助放置随身衣物，并指示顾客该做什么。

（2）等待

若需要顾客暂时等待，则需委婉告之并将之安排在能舒服地阅读、听音乐、看电视或闭目养神的环境，也就是要让顾客在悠闲的状况下等候。但是如果等候的时间真的很久，则必须告诉顾客，使其有时间调度的机会，有时间观念的人会很高兴你为他注意到这一点。

（3）保养过程

美容护理时应一直陪伴在顾客身边。在整个美容护理过中，若中断次数过多或离开顾客时间太久，都易使顾客产生不适应及不重视感，甚至使顾客失去耐性。如果碰到不得不暂时离开的突发事件，也应该告之顾客使之了解并征得同意后才可离去处理其他事情，以避免顾客抱怨的情绪。

（4）出门前后

① 预先准备好顾客的账单，同时备妥顾客所需产品，并提供完整的产品说明资料，以备顾客正确使用。

② 及时和顾客预约下次保养的时间。

③ 微笑并向离开的顾客致谢道别。

以上的每个环节中，服务的重点在于“人性化服务”，而不是教条的机械化过程。服务的要素在于微笑和细心。发自内心的微笑可舒缓对方的情绪以及增加亲和力，而细心观察、细心对待顾客是留住人心的关键。

6. 专业技术让人有美的享受

一般而言，专业美容师是无法达到和专业医师一样的专业权威，也就是说其令人信服的程度无法高于医生。其原因是一方面美容专业教育环境未上轨道，另一方面则是美容师的工作包含了浓重的商业色彩。既然美容师在服务时会有这两个不可抗拒的不良因素，则更应该加强专业技术的培训，毕竟专业技术是美容院经营的存亡关键。因为顾客是否决定花钱保养皮肤，最终还是看美容效果。

此外，美容师须注意以下几点。

（1）得体的仪表

顾客到美容院就是为了求美，一般顾客喜欢以美容师的外观来评价美容院的形象，一个外表邋遢、没精神的美容师绝不会得到顾客的信赖。因此美容师平时应该身着整洁、大方的工作服，留短发或将长发束起，并施以淡妆，表现出卫生与专业。

（2）言之有物

明明白白向顾客解析其个案情况和需求，绝不可看轻顾客，随便敷衍。

（3）对症下药

顾客的皮肤不会说谎，因此美容师要谨慎推荐保养品和护理疗程。

（4）时间就是金钱

注意顾客的时间，如同注重自己的时间，高效率的服务也是一种专业的表现。

美容业的蓬勃发展，造成相当激烈的竞争，而大家争的就是“顾客”。除了将顾客引进大门，更要将顾客留住。因此，“招徕顾客”靠店面形象和广告宣传，而“维持顾客”则要靠专业服务和专业技术。这几方面各有其重要性，且应互相配合。所以，当利用广告宣传和店面形象等外在条件吸引了足够的客源进门后，更应配合专业的技术和专业的服务来维持顾客，否则将前功尽弃，徒增成本。

7. 专家意识

某地区有家美容院的老板是一位中年人，但是该美容院的员工都是朝气蓬勃的年轻人，他们接待顾客都非常热情周到，经营者也是和蔼可亲。这家美容院的柜台下，满满地堆放着流行的杂志书籍，询问原因得到的回答是：“因为我们是美容师，如果不懂得服饰流行趋向，以及女性服饰品方面的知识，就不能出色地完成自己的工作。因此，每天关门之后，我们就把这些杂志拿出来，主动地进行研究讨论。”

一般美容院的技术都是头部美容技术，可是近来有的美容院还把穿衣打扮、全身美容的技术作为行业服务的内容。所谓美容，就是包括服饰在内的全身美容，而且也包含美化心灵的心理美容。正因为是美容，所以无论缺少哪一方面都会失去女性美。美容师必须有经考核得到承认的职称，同时也是美容专家。

8. 亲切的美容交流

在美容院的经营调查中，有这样一个问题：在你的美容院里，美容师与顾客交谈，除了发型之外，还谈论诸如服饰等其他方面的内容吗？这个问题主要是从顾客对美容院的信赖感和美容师的美容知识两个方面来调查顾客与美容师之间的思想交流达到何种程度。有趣的是，美容师接受顾客疑问而且能热情回答问题的美容院，其拥有固定顾客的比例在90%左右。顾客没有疑问而且美容师又没有美容方面知识的美容院，其拥有固定顾客的比例在60%以下。由此可知，亲切的美容交流是很重要的。

在某地区的一家面积约有26平方米的美容院，美容价格比附近一般美容院高出20%。虽然如此，但这家美容院的营业额效益还是很高。经调查后才知道，这家美容院的美容师有时和顾客还会谈到人生方面的问题。因此，在今后美容院的待客技巧中，还必须吸取与顾客进行交流并对其进行美容知识教育的经验。

这种美容教育包括两个方面，一是对店内的顾客教育，如在美容过程中向顾客介绍相关的美容知识、护理方法及流行时尚等；二是顾客教育的店外宣传，如将美容知识写到宣传单等。

9. 密切关注顾客对美容院的评价

我们在前面一直提到美容院经营兴隆的三要素，美容院形象、待客服务的态度和水准及高超的美容技术，而顾客正是根据上述三要素，从不同的立场对美容院进行评价的。

美容院的特征就是待客时间比一般小商店要长得多，因此，对美容院的经营者来说，重要的一点就是接待顾客时间太长是否对美容院经营有利。顾客在店内的时间越长，顾客就越容易发现美容院的不足之处。因此，必须调查顾客对美容院的评价，调查顾客是从哪个角度来评价美容院经营的好坏的，以此作为开拓客源的参考基础。

第六章
美容院产品销售

一、美容院产品的选用

1. 如何选择品牌

美容化妆品市场的品牌越来越多，而每个品牌都有自己的特点，美容院该如何选择适合自己经营的品牌？很多人都知道，选择一个品牌，同时也选择了一个合作伙伴。选择合作伙伴不单单是计算对方立刻能带给自己多少利润，而必须全面考虑对方的实力和该项目的发展前途。

首先，看合作方是否是一个管理有序的优秀企业，因为这关系到产品的品质、合作的信誉和成功兑现承诺的可能性。一个由高素质人员组成的公司，通常可以做到管理环节严密、产品品质达国家或国际标准，经营思想前卫，并保持与潮流同步，也就能确保公司及合作伙伴稳步发展。

其次，考虑对方的长处是否能补足自己现时的弱点。项目合作不是单纯的买卖关系，如果在合作的过程中，对方的企业文化、营销策划、经营管理、人力管理、物控管理、培训教育、应用技术等能补足自己的弱点，那便是一种巨大的无形资产，可以避免自己在经营过程中走弯路。这样，一个经营合作的过程也就是一个免费学习的过程，何乐而不为？

另外，合作的项目是否有生命力也是一项考察重点。项目的生命力在于它的延续性，一个有生命力的品牌可以长久地经营下去，并产生巨大的品牌效应，增加客源，增加营业额，增加人的凝聚力，提升美容院的自身素质和公众形象。

最后，美容院还可考证一下对方的发展史，确认对方是否已经经过历史的考验。任何精品都必须经过历史检验，而历史是不能用金钱换取的，这也是印证真假、辨明是非的尺度。

2. 如何选择产品

一个好的产品应该是能真正满足消费者需求的产品，消费者是不会白白地花钱买一个对他根本没用的产品的。产品通常由三部分组成，即产品的核心、包装及附加值，而这三个因素所对应的消费者的需求则分别是使用需求、心理需求及潜在需求。由此可见，产品与需求之间存在着一一对应的关系。

在选择产品时，通常注重其是否通过了GMP（或GSP）认证，是否有一流的质量与品质保证，但这仅仅是对一个产品的最基本要求。然而，一个真正的好产品光有这些最基本的当然不够。现在选择一个好的产品更重要的是要看清产品的内在价值。那么，怎样才能体现出产品的内在价值呢？

第一，产品有没有好的功能。像某产品定位“健康人士的益寿养生，已病患者的助愈治疗，慢性病患者的康复保养，亚健康人群的健康理疗，白领女性的扶元养颜，成功人士的扶元保健”，以“未病防治，已病干预，慢病调养，亚健康治疗”为出发点，这样，产品的功能讲得就非常的科学化，而且通俗易懂，广告投放下去，众多爱美女士一看就懂。

第二，产品有没有背景。比如：这个产品是否有国家权威机构的肯定，是否受到过国家相关部门的奖励，等等。

第三，产品有没有做过试销，效果是否确切都是关键。产品做过试销就表明该产品经历过市场的考验，试销结果也体现出产品的市场魅力。

3. 选择产品的基本原则

产品是美容院经营的基础。产品的好坏直接影响美容院的经营。选择真正有卖点有特色的产品，财源滚滚的景象才会真正出现。其实，选择产品不能一窝蜂似的追随别人，关键是自己要拿准。如下是美容院选择和使用产品的一些基本原则。

（1）掌握产品原料的配制和作用

要想正确把握自己选择的产品，对产品的原料及配制有一定了解是很有必要的。犹如一位医生，为病人开药方，一定要知道此药方的成分和作用，否则，就无法为病人开出有效的药方。作为美容师，只有了解了产品的原料及配制的一些基本情况和作用，才可能正确选择和使用产品，并对顾客进行必要的专业护肤指导，从而获得他们的信赖。例如什么是蛋白酶，什么是透明质酸，SOD的作用是什么，等等，只有了解了相关的知识，在选择和推荐产品时才可能做到心中有数。

（2）了解实际功效

到美容院做皮肤保养的顾客，都是希望自己的肌肤在原有的状态上有所改善，如何做到这一点呢？

最重要的是应视顾客的最大利益为自身利益，这样，在选择产品时就会谨慎得多。通过做临床试验，如果效果较好，再全面铺开。唯有如此，才可能既不会因产品选择错误损伤了顾客的肌肤，丧失了美容院的信誉，也不会因盲目进货而造成经济损失。试验可从产品的气味、手感、质地，或者用后的效果来进行判断。当然，效果是指相对结果，如顾客感觉舒服，用后肌肤状况有一定改善，而不是要求立竿见影，反差悬殊。如果在用过一次之后就判若两人，则要谨慎从事。从常规来讲，皮肤保养是循序渐进的，高速蜕变在某种意义上讲则意味着“危机四伏”。只有在确保长期使用该产品效果不错的情况下才可以给顾客使用，这是对顾客的一种尊重和保证。

（3）注意地域差异

我国幅员辽阔，南北水土、气候、饮食习惯等差别很大，各地人群的肌肤状况也因此不同。例如同样是南方，广东一带日照时间长，温度高，气候潮湿，加之饮食等原因，一般人的肌肤毛孔粗大，油脂分泌旺盛，易生粉刺。而江浙一带，四季相对均衡，风和日丽，饮食清淡，水质温和，肌肤相对较为细腻。所以同一产品在广东适用，在江浙就不一定适用。因此，各地美容院不能盲目断定某一产品是最佳产品，在产品使用中一定要因地制宜，并仔细观察与分析产品对不同人肌肤的作用和疗效，有针对性地选择和使用产品，而不要人云亦云。唯有如此，选购产品的准确性、成功率才会高。

4. 把握成本观念

许多美容院只用流水账，看收入与支出是否能平衡，其实仅仅这样是不够的。在作经营规划时，要把三种现金流都列入计算：第一项是开业的资金；第二项是收入的预估，如预定美容服务和美容产品销售的金额，每月会有多少会员、多少散客、工作日数、各项营业价目等，把这些金额作一个合计，最好还能估计出每个月必须要有多少顾客才能收支平衡，对支出的估计，最好有这样的成本结算表，做到心中有数。

5. 我取我需

每个美容院都有自己的特点，在选择美容产品时，要根据自身特点看自己的美容院是不是对美容产品有特殊要求。然后再去量身订购。例如，你的美容院以中医美容为主，那么你势必会考虑产品的中医美容疗效，而不能模仿其他店追求洋品牌；如果你是专门的男士美容院，而且专为“白领”男士服务，你就该选择很有档次和品位的男士美容化妆品品牌。

6. 有度可循

每个美容院都有自己的消费群体，产品的选择一定要考虑到群体的消费能力和习惯，根据消费群体水平定位选择，这样才能得到顾客的呼应和投入。违背这一规律任意选购，就容易造成产品积压，不仅浪费资源，同时也增加了成本，最终对顾客和美容院都无益处。

7. 拒绝假劣

值得一提的是，美容院无论大小，切不可贪小便宜而使用假冒伪劣产品，那样做轻则影响顾客美容效果，重则会彻底毁坏美容院声誉从而导致一败涂地。近年来，由于美容院使用不合格美容化妆品导致顾客毁伤投诉不断增加，所以顾客越来越重视美容院里产品的品牌，好中求精。最起码要做到严格考察美容化妆品公司所拥有的合法证件、手续、产品质量的相关证明，并在签订购货合约时注明因产品质量导致事故的责任方所需承担的责任。只有这样，才能在保护美容院利益的同时，保障消费者的权益。总而言之，美容院是直接将美容产品服务于顾客的前线，也是美容产品使用的前线。因此，美容产品是美容院经营的基础，产品的好坏直接影响着美容院的生存。要让顾客放心地从美容院里得到满意的服务，那就从选择最好、最适合顾客的美容产品开始！

二、美容院产品定价方法及技巧

1. 定价方法

定价方法是美容院为实现其定价目标所采用的具体方法，美容产品价格的高低主要受成本费用、市场需求和竞争状况等因素的影响，并可因此将美容产品的定价方法归纳为成本导向、竞争导向和需求导向三类。

（1）成本导向定价

成本导向定价以产品成本为定价基本依据，主要包括以下几种具体方法。

① 加成定价法。包括完全成本加成定价和进价加成定价。具体方法是首先确定单位变动成本，再加上平均分摊的固定成本即组成单位完全成本，在此基础上加上一定的加成率（毛利率）就形成销售价格。进价加成定价是零售业（百货商店、杂货店等）流行的一种做法。美容产品亦可采用此种方法。其计算公式为：

$$产品售价=进货价格（1+加成率）$$

在这两种定价方法中，加成率的确定是定价的关键。一般来说，加成率的大小与商品的需求弹性和企业的预期盈利有关。需求弹性大的商品，加成率宜低，以求薄利多销；需求弹性小的商品，加成率不宜低。美容产品基本属于需求弹性大的商品，可追求薄利多销。

② 损益平衡定价法。损益平衡定价法指在既定的固定成本、单位变动成本的价格条件下，确定能够保证企业收支平衡的产（销）量。在为美容产品定价时，可利用此方法进行定价方案的比较与选择。对于任一给定的价格，都可计算出一个保本销售量。如果企业要在几个价格方案中进行选择，只要给出每个价格对应的预计销售量，将其与此价格下的保本销售量进行对比，低于保本销售量则被淘汰。

损益平衡定价法侧重于总成本费用的补偿，这一点对于经营多产品线和多种产品项目的美容院极为重要。

③ 目标贡献定价法。该法以单位变动成本为定价基本依据，加入单位产品贡献，形成产品售价。

（2）竞争导向定价

竞争导向定价以市场上相互竞争的同类产品价格为定价基本依据，以随竞争状况的变化确定和调整价格水平为特征，主要有通行价格定价法、主动竞争价格定价法等。

① 通行价格定价法。此法的原则是美容院产品的价格与竞争产品平均价格保持一致。

② 主动竞争定价法。与通行价格定价法相反，它不是追随竞争者的价格，而是根据本美容院产品的实际情况及竞争对手的产品差异状况来确定的价格。因为美容产品属个性化、差异化、高品质的产品，故适合采用此法定价。

（3）需求导向定价

需求导向定价以消费者的需求强度及对价格的承受能力作为定价依据，可分为理解价值定价法和需求差异定价法。

① 理解价值定价法。这是以消费者对商品价值的感受及理解程度作为定价的基本依据。美容产品可用此法，根据消费者对其品牌品质、知名度、美誉度等方面的认识进行定价。

② 需求差异定价法。此法不适宜美容产品。

2. 定价技巧

在用定价方法确定价格后，运用定价技巧对价格进行修改，是保证美容院价格策略取得成功的重要手段。

（1）整数定价

采用化零凑整的方法，制定整数价格。如将价格定为10.00元。而不是9.90元，此法适合美容产品，可满足消费者的高消费心理。

（2）尾数定价

保留价格尾数，采用零头标价。如9.98元，而不是10.00元。

（3）声望定价

针对消费者“价高质必优”的心理，对在消费者心目中享有声望、具有信誉的产品制定较高价格。高档化、品牌化、知名度高的美容产品可用此方法。

（4）系列定价

针对消费比较价格的心理，将同类产品的价格有意识地分开档次，形成价格系列。系列化的美容产品可采用此法，以此来满足消费者的“选购、递进”心理。

总之，美容院无论怎样定价，最终都不能脱离补偿成本费用和获取目标盈利的一般规律，实践中，应灵活采用不同导向的定价方法及技巧。

三、美容院顾客消费心理类型

美容院是直接销售美容服务和美容产品的场所。美容院销售工作的完成，有赖于美容师销售行为和顾客消费行为之间关系的正常化。美容师如果能够在工作中准确地把握顾客的消费行为，不仅有助于稳定和提高个人的销售业绩，同时也可使美容销售更具针对性，从而节省自己的时间和精力。根据美容顾客的消费行为特点，我们将美容院中经常接待的美容顾客分为五大类型，即所需型、可有可无型、讲面子型、渐进型和免费型。

1. 所需型

这一类顾客多属于有严重皮肤问题的女性，其中以中年女性（已婚妇女）居多。由于家庭环境和经济条件所限，其消费时常表现出如下行为特点：

① 对改变皮肤及肌体现状有极其迫切的需求；

② 对美容效果和显效时间非常注重，但对价格不太关心；

③ 购买或接受服务后，会对效果极度观察；

④ 一般情况下，此类顾客可以坚持消费，但必须以效果论成败，且不论效果满意与否，均会主动对外宣传。

销售建议：这是一群最具两面性的顾客。一方面肯花钱消费，容易受到宣传的诱惑，而另一方面则以自己的标准观察效果，显示出极其强烈的不稳定性，是最容易与美容院发生纠纷的顾客群。因此，在向此类顾客推销产品时应注意：

① 对美容效果的评价务求留有余地（先升温，后降温），以期换取对方的信任；

② 此类顾客一般都具有较强的鼓动能力；

③ 由于此类顾客多关心效果，而对价格不甚关心，在销售时可采取以价格论成效的方法推销高价位服务，但一定要保证质量。

2. 可有可无型

这一类顾客年龄在25~35岁之间，为无明显皮肤问题的女性。由于其对改变皮肤现状无迫切需求，故其消费行为多表现为：

① 美容消费多以体会为主，大部分消费为初次消费或一次性试探性消费；

② 消费随意，无明显的目的性，常有从众心理，容易被美容师说服；

③ 消费时间、地点和金额不定，带有明显的可推迟性。

销售建议：可有可无型顾客是很容易被美容师说服的一类顾客。但由于其消费带有一定的随意性，因此首次服务的效果和沟通就显得十分重要。在为这类顾客服务时，应着重于引导其成为美容院的长期顾客（接受长期服务），而不是推销暂时性的客用产品。

3. 讲面子型

消费中讲求面子是单身女性和白领阶层的最大特点。其消费常以满足个人求异和提高社会地位的心理为主。对于美容，实际上并无迫切需求。其行为特点是：

① 消费选项，一般以高档营养（保养）型护理为主；

② 消费时对服务要求严格，务求低消费，较容易被说服；

③ 自尊心极强，对美容知识似懂非懂，较容易被说服；

④ 对价格较敏感，但一般可以接受；

⑤ 常在短时间内进行大量消费；

⑥ 多为群体消费，消费时具有攀比性。

销售建议：高品质的产品、服务和价格是与此类顾客地位和心理相适应的最佳选择。另外，群体性消费中的攀比性也为进一步扩大销售提供了条件。

4. 渐进性

是以成功女性、中老年女性和小区居民为主的消费人群。由于其普遍具有内向、稳重的性格特点，因此其消费行为也具备了典型的性格特征。

① 逐渐消费、逐渐了解，寻求对人的了解和自我心理上的放松；

② 对产品品牌、价格不甚关心，只注重心理的满足和沟通，常指定服务者（点名服务）为其服务；

③ 消费价格高低不等，但消费金额相对稳定，一般可持续消费时间，但其消费数量不易扩大；

④ 消费时常有“隐蔽性消费”的要求。

销售建议：这是美容师最应该尊重和爱护的顾客群。由于其消费极稳定，因此，这一群体是维持美容院基础销售额的关键。拥有的渐进型顾客越多，销售基础就越雄厚。另外，这一群体还是美容院口碑传诵和新产品推广使用的重要群体，也是宣传费用最低的群体。

5. 免费型

这是唯一不需要销售建议的群体，由于其与美容院老板有着某种特殊关系，因此在消费中，此类人群常表现出明显的极端化特点：

① 消费态度：或十分强硬、满不在乎，或温柔体谅、不好意思。

② 消费价格：或十分昂贵，或以满足基本消费为主（低价格）。

综上所述，掌握顾客消费行为特点，是美容院有的放矢地进行美容销售的一个重要环节。应当指出，美容院中的一切经营管理措施都是为提高美容院实际销售水平而服务的。优秀的美容院管理者，首先应当是一名优秀的培训老师。只有在实际工作中不断地帮助、指导员工发现并总结经验，才能更好地提高美容院的社会效益和经济效益。

四、美容院顾客消费心理过程

在研究如何应对顾客、销售商品之际，首先必须充分了解顾客在购物时的心理转换过程。因为不能了解心理，便无法应对顾客的要求。

来到店内的顾客究竟是在怎样的心态下购物的？通过调查发现，其购物时的心情变化一般包括以下八个方面。

1. 注意

注意是指顾客盯着商品看。换言之，行走中的人眺望陈列于店面、店前橱窗的商品，或者顾客进入店中观看展示箱中的商品，这是购买心理过程的第一阶段，称之为“注意”。

2. 兴趣

盯住商品眺望的顾客之中，有人就直接离开，但是也有人会对商品感兴趣而止步。而此时的兴趣，不外乎是对商品的颜色、设计、价格和使用方法等产生兴趣。

3. 联想

当手碰触商品或改变视角时，不仅对商品产生浓厚的兴趣，甚至开始联想起自己使用该商品的样子。例如，美容时使用这些可使皮肤状况迅速得到改善。从这一层意义来说，商品陈列于橱窗，不应只是着眼于吸引顾客的目光，应该也能引发顾客的联想，即想象出由于使用该商品而得到莫大的喜悦才是。

4. 欲望

顾客若将其联想延伸，即产生了占有该商品的欲望，因而会立刻拿出钱，说：“请把这个包起来。”当顾客对某商品存在很高的欲望时，最后会产生“对我来说是最好的吗”的疑惑，“难道没有更好的吗”等期待之情自然产生。

5. 比较检验

“该商品真的适合自己吗？”“果真和自己的身份相配吗？”当对产品的期待感提高之际，在与周围其他并列的许多商品比较的同时，更会和友人使用之物或其他商店所陈列之物以及与自己的经验相对照，对其颜色、性能、尺寸和价格等作一比较检验。

在处于比较检验的阶段上，顾客总是对挑选商品产生困惑，因为他们正有求于销售员良好的建议和指导。假如这个时候销售员无法顺利加以引导，那么顾客将“和家人研究看看”、“会再来”之后掉头离去。因此，比较检验阶段对销售员而言，其应对是相当重要的，也可以说不是件容易的事。

6. 信赖

经过各种比较检验之后，终于发现自己所需要的，相信商品适合自己而决定购买。此时顾客的信念有如下两点：

（1）对销售之信赖：知道顾客需要而协助挑选且满怀信心推荐的销售员所说的话应该“错不了”。这是对销售员的信赖。

（2）信赖美容院和制造商：“这类商品相当适合自己的喜好”、“这人的话没有问题，值得信赖”等对商品的信赖及源于本身的感觉、经验和判断力。

7. 行动

这里所谓的行动是指顾客下决心购买，具体言之，即把钱交给销售员：“请把它包起！”“就这个吧!”

此一购买行动对卖方而言，是期盼已久的。销售之所以困难，在于未掌握时机。时机一旦消逝，即使畅销品也会变得不畅销，喊出“大拍卖”也不管用。

8. 满足

这是顾客消费的最后一个心理阶段。即使收取了顾客的钱，销售行为还不能算完全终了，必须将所购物品加以包装、找回零钱、送到手边等，使顾客在购物后有最高的满足感。

一般来说，购物的满足感有如下两点：即购物终了时的满足感和使用商品的满足感。而这里所探讨的购买心理过程阶段则不包含后者。至于前者购物时的满足感，又可分为两种。其一为买到好商品的满足感，其二是对销售人员令人感到愉快的应对、态度和建议的满足感。这两种满足感虽各有不同，但有其共通点，又因二者有互补作用，所以二者相加将能为顾客带来更大的喜悦。

当顾客带着这么高的满足感步出店门，必能折服于销售人员的销售技巧和诚意，日后必将是美容院的老主顾。

五、美容院产品销售的原则与方法

1. 顾客永远是朋友

顾客鼓起勇气，走进美容院的那一刻便是决定性的时刻。首先，美容师要面带微笑迎上去，让顾客感受到一种亲切的氛围，然后循序渐进地抓住顾客心理，观察其穿着打扮、言谈举止以及对方的时间需求，以便对症下药。如果对方不急迫，便以闲聊家常的方式投其所好，小心翼翼地进入美容话题。为其做皮肤检测，了解顾客过去使用化妆品的经验以及成效如何，并给予详细的美容咨询和具体建议。若顾客盛气凌人，便心存“生意不成仁义在”的心理，仍以亲切得体的态度对待，并赠送保养简介。若碰到犹豫不决的顾客，便可运用美容师的权威，针对顾客需求加以解释，再引用使用效果极好的顾客实例，若能配合顾客实例照片举证更佳，会促成交易。

2. 以美容院的实力来吸引顾客

为了增加顾客对美容院的信赖与踏实感，美容师应以保养或化妆的实际示范来吸引顾客，显示美容院本身的实力。为顾客作示范时，除了为促销而介绍产品品牌名称外，也应同时尽力提高顾客分辨商品品质的能力。

3. 把握乘胜出击的时机

顾客产生购买化妆品的念头，不是因一时兴起，就是被美容师的说服技巧所打动。这时应以感性方式激发对方的购买欲望，顾客的欲望不会太持久，最好能把握时机判断顾客的皮肤问题，介绍合适的护理项目，乘机说服其购买。

4. 旁敲侧击法

如果有了定期保养的顾客，不仅已肯定了美容院的专业美容技术，而且也增加了彼此的亲和力。适时地给予鼓励和赞美也会赢得顾客对美容院及美容师的尊重。在无所不谈的交情中，也可按部就班地将产品介绍给顾客。若顾客不接受，也不强迫，以免吓跑顾客，将到手的财富推到别人手中。

5. 立竿见影的推销术

对于偏好时髦新颖、追求第一的顾客，正面地、直接地推荐产品，反而有立竿见影之效。如果是常来的顾客，必然常谈论美容常识。若是新顾客，观察其外表装饰和举止言谈，直截了当地告之对方新产品及她需求之产品或服务，定有效果。

6. 路遥知马力型的销售

一些所谓的铁石心肠的顾客，对于美容师的说服技巧无动于衷，唯有以时间证明或配合印证自己的实力来打动他，而且应小心谨慎。假以时日，当顾客确实选择我们的产品或服务时，我们便会有种成就感。

7. 定期追踪，维系顾客

美容师可利用建立顾客资料库，在顾客下次保养日期前，先以电话通知联系，并观察顾客的美容实效，依次加以记录，以便追踪了解。也可以从其资料中了解其个性、生日、喜好、健康状况、生活状况等，以便作友好沟通。

8. 配合节假日的促销活动

美容业的经营也有淡季和旺季。节庆时期进行销售，厂商多会以特价优惠或赠送精美礼品配合。趁节庆时期，要多费心思，设计出能让顾客产生深刻印象的赠品，如附上一朵玫瑰花等。配合特殊日子举办如化妆造型、美容保养课程等，以此吸引顾客，并多了解顾客心理，促其配合推销方式，再加强售后服务与联系，必能使顾客源源不断，生意日益兴隆。

六、有利于销售成交的提问技巧

向顾客介绍、推销适合顾客使用的美容产品是美容院的日常业务之一。可在推销过程中，如何通过“提问”和“聆听”与顾客建立良好的互动关系？如何通过不同的提问技巧触动顾客的情感，找到他们的需求点，让销售的各个环节进行得更顺畅，最终达成销售？

下面五种是被广泛运用且行之有效的提问技巧。

1. 开放式问话

开放式问话可以引发顾客思考，打开话题，建立和谐关系，让你巧妙地引导并主控整个销售谈话过程，对顾客的状况了如指掌，顺利获取销售所需要的资讯。开放式问话通常会运用到这些字眼：何时、何地、什么、谁、为何、如何（5W1H），而它们的答案是开放式的，顾客侃侃而谈，你仔细聆听，达成销售的秘密尽在其中。

试试这些问话：

“您如何决定……”

“您为什么会这样想呢？”

“您会作哪些改变？”

“您目前如何……”

"您为什么喜欢……"
"您期望什么？"
"为什么那是决定性因素？"
"您打算如何……"
"有没有其他因素？"
"你的竞争者如何做？"
"在您的经验里……"

2. 约束性问话

约束性问话就是把顾客的注意力和回答问题的范围约束在你的问题中，通过提问与应答，得到对方的认同。它的句型是：在陈述一件事情之后，加上一个反问句。

"拥有健康的肌肤可以增加我们的自信心，亦是我们对自己的生命一种负责的态度。不是吗？"谁能说"不是"呢？当他回答说"是"，身为美容师的你，就可以展开你的产品销售计划说明了。

"产品品质与专业形象对公司而言是很重要的，对吧？"此时，谁能说不重要呢？

采用约束性问话，就是要让顾客对你的话题持肯定的态度，你可以利用回答来确定对方的观点。当他们的看法与你达成一致时，彼此就取得了一个小小的共识。销售时，你要先一步步地获得大量的小小的共识，进入销售认同循环，最后达成大的共识。如果你可让顾客不断地说"YES"，成交是必然的，不是吗？

3. 选择性问句

别让对方有说"不"的机会，用选择性问句让顾客作决定，无论他选的是哪一个，都是你所期望的！经常被用于约访、确认方式、喜好……

"您喜欢圆的，还是方的包装？"
"请问您是用现金付款，还是信用卡？"
"星期三上午10点方便吗？还是星期四上午比较好？"

4. 情境营造法

让顾客在作出购买决定之前，营造出已经拥有的美好感觉，在顾客与商品之间建立起情感的联系，帮助他们想象商品为他们带来的快乐与好处。

例如，美容师常用这招："陈小姐，用了这种产品后，你的皮肤将变得白皙、红润……"陈小姐脑海中出现的是自己自信地走在大街上，吸引了众多的异性目光的陶醉的神情。

5. 反向确认法

在对话的过程中，发问的一方一般容易掌握全局。当顾客提问的时候，他就控制了销售对话，这时，不要直接回答，你要微笑、放松，并反问他一个问题，借此重新获得掌控权。此外，也可以利用顾客的问题来确认他的交易意图。例如：

"你有祛斑的产品吗？""你要的就是这种祛斑的产品吗？"如果他回答"是"，则产品已经不是问题，剩下的是付款条件及交货日期了。

"新产品什么时间到货？""你希望什么时间交货？"把顾客带入一处已经成交的感觉中。

在销售化妆品的各个阶段，交互运用各种不同的提问技巧是非常有效的。此外，在提问时，有一点必须要特别留意，那就是：你所提出的问题，必须是顾客能够回答的！在销售产品的过程中，必须让顾客感觉受到重视，让他觉得自己是个智者。如果问他无法回答的问题，他会感觉下不了台，你也会失去这笔生意，那就得不偿失了。

七、有利于销售成交的沟通技巧

所有的美容院在为顾客提供美容服务时，都想创造出一种友好、祥和的人际关系氛围。在与顾客沟通时，美容师务必注意观察顾客的类型，以便使自己的谈吐更恰当。不过，如果美容师过分谨慎，盲目使用敬语尊称的话，也会让对方觉得浑身不舒服。何况，这种对人敬而远之的话也很难创造出良好的人际关系，很难营造出轻松愉快的谈话气氛。我们要知道："沟通不同于聊天"，沟通是要了解顾客的需求。

1. 沟通时的注意事项

美容师在与顾客沟通时，要注意下面这几点：

① 你是否只顾自己喋喋不休地讲，而不关心对方说了些什么？

② 你是否很注意语调的高低和语速的快慢？

③ 你是否注意语调的抑扬顿挫（特别是句尾的语调）？

④ 你是否一边考虑语言的“停顿”情况，一边组织自己的会话？

⑤ 在你与对方交谈时，能否做到应答恰当自如？

要做到这一点，有四项最基本的要求：一是对谈话人的话表现出轻微的惊讶和浓厚的兴趣；二是与对方“有同感”的应答；三是“验证对方”的应答；四是把自己的想法适当地加进去。

⑥ 在与顾客交谈时，您能否做到时刻察言观色，根据顾客所好和感兴趣的话题，自然转换和调整您的话题呢？

2. 有效沟通的会话方法

（1）“YES”“NO”会话法

也就是先肯定对方，再提出异议的方法，委婉地措辞，不要一开始就否定对方。

（2）提问会话法

即在交谈时，紧紧围绕双方谈话的中心主题，用提问的方式，促使对方向更深层次考虑。但一定要把握分寸，掌握好难易程度，以免令对方尴尬。

（3）转换话题法

遇到令对方尴尬的情况，就需要自然、得体地转换话题到希望的方向，要找准时机。

（4）举例会话法

即举出实际的具体例子，让对方加深印象，容易打动顾客。

（5）“回音”会话法

当对方见解有些偏激，甚至跟自己观点相反时，先不要急于表态，要像“回音”一样先重复一下对方的谈话要点和主题，然后把自己的观点作为一种例外提出来，如果对方仍坚持自己的看法，我们就没必要与顾客争辩，可以转换话题。

（6）“无视对方”会话法

就是说，当您陈述自己的看法时，如果对方反对、质疑不太强烈，您可以不去理会，一气呵成地讲出自己的主张，使对方在没有充分理解您的意见时就接受了。

（7）“接续”会话法

将对方直接或间接表达的意思整理后，围绕对方的观点选择自己要谈的内容。

（8）“决定”会话法

当您费尽口舌，对方仍犹犹豫豫时，不妨由对方提出合理建议，作出“决定”，打消顾虑，从而接受你的专业建议。

3. 有效沟通的“三原则”

（1）宜“疑问劝说型”，忌“命令型”

美容业属于服务行业，美容师必须经过资格考试，才能成为技术工作者。因此，会有美容师这样想：“在美容方面，本来就应该按我所说的去做。”出于这种心态，有时会对顾客发布命令：

“今天我来给您做抗敏感的护理吧。”

“人多，在旁边先坐着等会儿。”

像上述这样的命令型的语句都被经常使用着，甚至说这种话的美容师自己都没有意识到，自己是在命令顾客。我们应该把上述句子改成“疑问劝说型”：

“您看，今天我来给您做抗敏感的护理，可以吗？”

“实在对不起，现在人太多了，您看，能不能请您两小时以后再来？”

如果这样一改，意义没变，但语气委婉平和多了，顾客的感觉也会变得轻松愉快。

（2）宜“积极”，忌“消极”

有一个例子，评价一个人：

“那个人很帅，只可惜个子矮。”

“那个人个子很矮，但是很帅。”

虽然讲的是同一事实，但前者是话里带刺，先褒后贬，后者态度明朗，赞扬语气。由此可见，出色的语言表达，可以逼真地传达出说话人想流露的真实的内心世界。所谓先贬后褒，则容易接受一些。另外，对美容师来说，保持良好的精神状态，情绪饱满十分重要。因为我们直接面对消费者，一丝一毫的松懈和懒散都可能被细心的顾客察觉，同时，也会影响到美容技术的发挥。

（3）“能言”、“善听”，做好“句间停顿”

一般情况下，能让顾客静下心来听讲，并且以容易听懂的语速，即一分钟300字左右与顾客谈话，这种说话方式最易博得好感。如果想让自己的会话生动具体，并具说服力，让对方感兴趣，选择正确的停顿是必不可少的。我们讲的“句间停顿”并非只是在自己说话时发挥作用。实际上，当对方对我们讲话时，我们适时插入应答话，也是十分重要的。人们有一种共识，“善于言谈的人同时必善于聆听”，在“能言”与“善听”两学问的技巧里，有一个共同之处，那就是两者都抓住了“句间停顿”的良机。

为了真正达到“美容师”的水准，我们必须在待客的每一个细节上都花费工夫，认真研究加强训练。

八、如何处理顾客讨价还价

美容师在推荐产品时，顾客作出不购买的决定，价格问题往往是最主要、最常出现的原因。每个人都小心翼翼，以免上当受骗。美容师通过有效的语言技巧，可以解决价格争议，轻松销售自己的产品。

1. 增加顾客的信任感

怎样来赢得顾客的信任呢？那就要允许顾客说：“如果我不喜欢它或者效果不好，我可以随时来退货。”你也可以利用产品品牌效应和顾客数据库等，增强信任度。如果你介绍的产品是公认的名牌，你可以直接利用广告强调品牌来鼓动顾客。

如果顾客对这种产品不熟悉，你可以利用顾客数据库，根据已购买产品的顾客的职业、性格、爱好等，引用其他与之有关联的顾客使用该产品的事例进行宣传，让他确认产品质量绝对保证。

如果你说得有根有据，真真切切，顾客对你、对产品都会更加信任，这时你可以顺便提及他人购买的价格，证明该产品定价绝对公平，说不定能打消顾客的议价打算。

有时价格并不是问题的关键，重要的可能是因购买带来的经济损失和风险，或者对使用效果表示疑虑。

2. 挖掘顾客潜在需要，转移价格问题

当顾客说“480元太贵了”，你的回答可以是：“可能是有点儿，不过这不是什么大问题。这是价目单，如果想价格更低点，您看哪一项效果您不想要呢？”对那些爱面子、很想被人看成是行家的顾客来说，这是一种绝妙的回答。

这种回答对问题予以重新定义，转移了顾客对价格的异议，而挖掘出了顾客内心的真正需要。你可以针对顾客的实际需要，化虚为实，淡化价格。

当你发现顾客“谈价色变”时，你应该马上避价不谈，而用使用该产品将给他带来的好处来利诱他，让他觉得该产品是专为他设计的（当然你要认真挑

选适合他的产品），把可能发生的事情说成已实现的，让他如身临其境，想象自己的美丽、帅气引起众人的注目，如醉如痴。

3. 坚持“顾客永远是上帝”的原则

即使顾客误解了你的报价，也不要责怪顾客，不要说顾客的不对。可以说：“抱歉，是我没讲清楚。”或者说“您的看法非常正确，但请看这些资料，许多顾客发现使用这种产品可以为他们节省很多其他费用。”

当他正在考虑时，如果你能流利顺畅地介绍顾客购买该产品后可能享受的附加服务，如配套的售后服务、使用跟踪、个人美容存档等，会让他随着你的思路更快地作出购买决定。

4. 作出口头让步，以退为进

可以先说：“是的，价格是高了点儿。但想想多得到的那些好处，您就明白价格高这么点是完全值得的。”

或者说：“您说的完全是事实，但通过我们的服务，您完全可以得到补偿。”然后您可以比较一下同类产品，但不可贬得太过头。

5. 补充潜在顾客的观点

“我很赞赏您注重安全的观念，我也同意那是一个很重要的因素。不过我们的产品在保障安全的同时，使用起来也很方便、简单。在美容院，我们会用专业仪器和操作程序给您用这种套装作专业护理，您带回家使用的这种配套的客装只需像平常使用的护肤品一样使用就行了，不需要特别护理。”这样可以消除他们的后顾之忧。

6. 承认没有充分表达信息

如果顾客曾使用过该产品，并想再次购买，但希望价格便宜点，而故意抱怨使用效果不理想时，您即使看出了他的用心，也不要点破，并且可以自我批评：“这类产品让您有这种感受，我完全理解。我们的工作人员没有对您讲明全部有关情况，这是我们的责任。”然后你再细致耐心地讲解产品使用时要注意的问题，让他觉得很过意不去，“软”下心来，这时你的目的便达到了。

7. 在顾客一边

“我理解您的意思，那看起来的确是个问题，让我们看看如何来解决它吧。”当你表现出公正无私和乐于助人的态度时，顾客会更愿意听听你是怎么解决问题的（当然，最后你必须提出一个真正稳妥的解决方法）。

8. 口语技巧

根据语言学的知识，顾客讨价还价时，美容师最好少用“您”和“我们”对立。多用“我们”的称呼，让顾客有认同感和亲切感。多用二选一的提问，如：“您要大套装，还是小套装？用现金，还是用信用卡支付？”“先付一半定金，还是全付？”让顾客认为购买是理所当然的。

在顾客对价格提出异议时，如果你能做得让顾客觉得你是在帮助他们解决问题，并能让他们美丽、健康、开心、自信时，顾客就会对你百般信任。他们一定会有这样的思想过程：存有戒心→掉以轻心→有点动心→感到开心→下定决心。顾客决定购买的每一步心理变化都需要你与他通过心与心的沟通来实现。从热情接待开始，再以同样的热情欢送顾客，对解决价格争议、赢得一份满意的订单非常有利。

第二篇 *Meirongyuan Guanli Zhidu Yu Biaoge*

美容院管理制度与表格

第一章
美容院管理文案

一、美容院管理制度（范例）

（一）日常管理制度

（1）准时上下班，不得迟到、早退、旷工。事假、病假应办好请假手续。

（2）按规定穿着工衣，佩戴工号牌，按规定签到（不能代别人签到）。同事见面要主动打招呼。

（3）上班时不得会见亲友，不准打私人电话，严禁在工作场所内抽烟、吸毒、喝酒、吃东西、追逐打闹、赌博、玩牌、打麻将、搞色情服务或色情中介，不提供“三陪”服务和三陪信息，以及做其他与工作无关的活动，需要离开工作场所时必须征得上级同意。

（4）拾获顾客遗留物品、同事的东西，必须及时报告上司处理。

（5）服从上级工作指挥，如发现物品损坏或出现故障要及时上报上级处理，联系维修，以免后患。

（6）不准私自带他人进入工作地点，不得私自将本店物品带出本店或赠与他人，更不能有偷窃行为。

（7）工作用具使用前后必须清理干净，摆放整齐，工作地点不得摆放与工作无关的物品，设备用完后，必须放回原处，并清洁干净。

（8）工作要认真负责，力求做到准确无误地完成工作任务，如遇到疑难问题要报告上级或导师，请示处理，因责任心不强，不按服务规范操作而造成的人为错误或影响美容效果，当事人要受到经济处罚。

（9）按规定交接班，如违反规定造成损失，要受处罚。

（10）下班前按消防制度检查水、电、门窗、液化气，做好防火、防盗工作。

（二）培训制度

（1）内容：学习本店的规章制度、基本的岗位知识、实际操作技能、基本的专业知识，适应工作，学习新业务和技术、工作程序和服务技巧。

（2）有计划、分批、分阶段，按不同的工种和岗位需要进行培训，不断提高员工队伍素质。

（3）管理人员应学习和掌握管理理论和技巧，提高指挥、协调、督导和策划能力。

（4）培训应采取授课、讲座、谈论会、日常工作会、实践操作演习、不断考试考核、重复练习、请老师等形式进行。

（5）培训工作应有计划、有目的，定期进行。

（6）老员工的再培训、提升也要纳入培训规程。

（7）培养员工的心理素质，单单手法好是不够的。

（8）美容师培养顾客的依赖心理，才能赢得顾客。

（三）卫生制度

1. 总则

营业场所厅面卫生实行“三清洁”制度，即班前小清洁、班中随时清洁和班后大清洁，还有分区域负责区清洁，每周大清理，每天小检查，每月大检查，每月一次大扫除，每月一次大清洗。

2. 每日下班后卫生清洁

（1）地毯、沙发等上面的灰尘。

（2）硬地面的打扫和湿拖。

（3）茶几、收银台、咨询台、窗玻璃、灯具、花灯、墙面、天花板、电视机、音响、挂钟、毛巾的摆设、灯光照明、饮水机、器械设备、按摩床、美容床等营业场所的所有的灰尘、蜘蛛网。

（4）对各类倒模碗、粉刺针、毛巾、拖鞋、手术室要进行每日消毒。

（5）使营业场所所有摆设干净、明亮、无污垢、无水迹、无破损、整洁美观，室内空气随时保持清新、干燥、无异味。

（6）做好灭蚊、灭蟑螂、灭老鼠工作，定期喷洒药物。

（7）如有冰箱，每日进行彻底清理和整理，对即将过期的美容品、果菜、鸡蛋清面膜要按规定撤换。

（8）消毒柜的使用和清理。

（9）员工更衣室进行紫外线消毒。

（10）部门领班每天必须对所管理区域的卫生负有最后责任。淋水花草植物及挂图、宣传品的摆放。

（11）注意个人卫生，勤换工作服、工作鞋、袜子等。

（12）酒精、新洁尔灭10%浸泡20分钟，掌握紫外线灯光、消毒柜的使用方法，掌握清扫的顺序、抹擦的要求、清扫时应注意哪些问题可使房间始终保持清洁，掌握怎样使用保养电器（电视机、空调、音响等）、设备等。

3. 卫生大扫除的安排

（1）每天一次营业面积搞卫生，包括：

①美容美发用品、用具、产品设备的加水。

②地板、按摩床、浴足沙发、茶几、玻璃、各种毛巾分开洗晒、收、消毒，垃圾每天倒。

（2）每星期一次大扫除，包括：

①空调风扇叶。

②吊顶、蜘蛛网。

③床罩、沙发套。

④床柜、窗帘。

⑤床底、沙发底、墙壁。

⑥清点用品、产品的增减情况。

（3）每月一次楼外清扫，包括：

①门面外。

②窗外走廊。

③电线、燃气管、水管等设备。

（四）值班制度

值班时要做到以下工作：

（1）记好当班没有完成、需要下一班完成的事项。

（2）设施设备的情况。

（3）预订情况。

（4）上级下达的指示。

（5）本岗位发生的各种意外情况和处理结果。

（6）员工需要用餐要轮换就餐，不能没人待岗。

（7）顾客在消费过程中要求员工代办的事情，要按顾客的要求完成，钱、物当面清点，以防有假。

（8）下班前10分钟进行工作检查、物品清点，为下班交接做好准备。

（9）交接班各岗位当面交接清楚，对交班的各项事宜认真对待，不得漏办。

（10）记工作日记，总结工作的质量及自己的优点、缺点。

（11）常盘点记录需要补充的货物。

（五）待岗、服务过程制度

（1）严格按规定着装，仪表保持整洁，符合上岗标准。

（2）做好场地卫生清洁工作，保证场内环境及各种服务设备干净整洁、摆设合理。

（3）检查各种设备设施是否完好，发现故障要及时报修，保证各种设备的使用和运转情况一切正常。

（4）查阅交班记录，了解宾客预订情况和其他需要接着继续完成的工作。

（5）检查并消毒器具和其他客用品，发现破损及时更新。

（6）检查并补充齐各类营业品和服务用品，整理好桌椅等，按指定的位置休息待客。

（7）保持良好的工作姿态，精神饱满，待客热情。

（8）微笑迎宾，态度热情，讲究礼节，用礼貌用语问候顾客。

（9）使用文明服务用语，以优质服务满足顾客要求。

（10）尊重顾客风俗习惯，不讥笑、不议论顾客生理缺陷。

（11）班前睡眠充分，不饮酒，不吃带有刺激性异味的食品。

（12）在岗时不吃零食、不聊天、不串岗，保持正常的工作态度。

（13）耐心回答顾客提出的各种问题，指导顾客正确使用本店设备，避免顾客受伤或本店设备受损。

（14）对顾客的不文明行为要礼貌劝阻，对各种违规行为要及时予以制止。

（15）对顾客提出的合理要求尽量予以满足，不推卸。

（16）发现顾客遗失物品要及时上交。

（17）洁身自爱，对顾客提出的不合理要求，要礼貌恰当地予以拒绝。

（18）对顾客已使用完的各类用品要及时予以清洁整理。

（19）服务过程中出现差错，要说“对不起”，不能说“不要紧的”。

（20）顾客意外受伤，向顾客表示歉意，表示负责后果和损失，视其受伤程度妥善处理，严重的送医院并保护现场。

（21）顾客有意或无意损坏本店设备要立即制止，通知上级，保护现场，礼貌地提出赔偿，严重的报告公安部门处理。

（22）意外停电、停水或意外事故，保持冷静，维护现场秩序，稳定顾客情绪，向顾客表示歉意，注意场内情况，防止各种意外发生，立即使用蜡烛、手电等照明设备，如是本店电源问题的话立即通知维修，防止出现跑单现象；如因障碍不能完成的服务，再次表示歉意，预约改天补上，减半或全免账款。

（23）做收尾工作：

①再次检查有无遗忘物品，有的话必须交上司处理、保管、归还。

②将物品依次摆放好，以备下次使用方便。

③处理该清洁消毒的物品。

④倒垃圾。

⑤关闭电器、空调、电灯、水龙头、燃气管，锁门关窗。

（六）安全制度

“安全第一”是美容院经营管理的最基本的信条，保证顾客和美容院的人身财产安全是全体员工的基本职责，每一位员工必须时刻牢记和遵守美容院的安全管理制度，坚决执行美容院的安全守则。

（1）注意防火、防电、防盗、防事故，发现事故苗头或异常情况，必须立即找原因，及时处理，并及时报告上司。

（2）学习用电、用水、用仪器的安全使用规程。

（3）下班前认真检查各项设施，消除安全隐患。

（4）严格执行各岗位的安全操作规程，切实保证用电、用火、用燃气、使用工具及设备的安全。

（5）保证顾客和本店的人身、财产安全是全体员工的基本职责。

（6）下班时认真检查本店门窗是否锁牢，做好防盗工作。

（7）遇到火警、意外事故、紧急事故要保持冷静，尽快通知有关部门或上司，并配合处理工作。

（七）员工惩罚制度

本惩罚条例作为员工加薪及续签劳动合同的依据。公司对员工的行政处分分为警告、经济处罚、记过、降级、经济处罚、辞退。公司对有下列行为之一的员工，给予批评教育不改的，应视情况轻重给予行政处理，并处以经济处罚，如有触犯法律者，同时提交有关司法部门。

1. A类

A类为口头警告，处理范围包括：

（1）衣着不整，不按规定着装，穿带钉皮鞋、背心、短裤等，工作服破损、不干净、不戴工作牌或不按规定位置佩戴。

（2）仪容不洁、蓬头垢面、发型古怪、身有异味、浓妆艳抹、不淡妆上岗、留长指甲、擦怪色指甲油。

（3）行为不雅、吃零食、嚼口香糖、吹口哨、随地吐痰、乱丢杂物、站立不正、坐时跷二郎腿，当众掏鼻孔、挖耳朵、剔牙齿、擦眼屎、修脚指甲、用手直接擦汗，保留睡意、怠慢表情、交头接耳引起误解，公众区域内抽烟、喧哗、打闹、谈笑、聊天。在美容院内奔跑、发出怪叫、走路做作。

（4）言语不正，交往不用礼貌用语，见同事、上司不问好，话语冷漠、粗暴低劣带刺激性，评论顾客生理缺陷或双关语。

（5）作风不正：不爱护公物、不维护公共卫生，未经许可私自翻阅顾客、上司或同事、收银台的物品或文件，给顾客留便条、办私事，便后不冲水，将杂物丢进便盆、洗手盆，探听别人私事。

（6）不轮值卫生、不搞卫生，或搞不干净。

（7）服务前后的卫生不整、不彻底。

（8）有顾客时，电视、音响声音过高，放激情、重、快节奏音乐，下班后放黄色影碟。

（9）宿舍无人时，风扇、电灯没有关闭。

（10）端茶不用托盘。

（11）饭后饭盆、常用茶杯不放在指定位置、乱放。

（12）上班时吃零食。

（13）使用厨房厕所（除洗餐具以外）。

（14）接送顾客不用礼貌用语、怠慢推拉顾客。

（15）擅自使用或有意浪费公家物品、易耗品，包括美容护肤品、洗发液、泡脚药、干净毛巾、纸巾、面巾等（批准使用物品除外：洗衣粉、员工定期美容品）。

（16）未做好交接班工作。

（17）工作散漫，粗心大意，受到顾客投诉。

（18）在顾客面前搬弄是非、指手画脚、评头论足，散播谣言中伤员工和破坏本店声誉。

（19）未经顾客允许，让外人进入。

（20）不按规定时间开空调。

（21）不在指定时间、地点练习美容按摩技术。

（22）午夜不按规定时间回宿舍影响他人休息。

（23）有意见当面不提，背后议论争吵、扰乱人心或影响管理和营业，每月迟到2次以上、旷工半天以上。

2. B类

B类需要进行5~50元的经济处罚，处理范围包括：

（1）上班时带有醉意或工作时饮酒。

（2）上岗时接打电话，待岗时打私人电话超3分钟。

（3）穿拖鞋、发出声音过大的高跟鞋、背心、短裤出入本店。

（4）不按岗位要求保持正常工作姿态，影响工作。

（5）对顾客不理不睬，甚至做与服务无关的事情。

（6）工作出差错、工作态度散漫、不接受上司批评、强词夺理为自己辩护。

（7）偷用本店用品、美容品及厨房指定不能用的茶、油等。

（8）私自撬开更衣柜。

（9）每月迟到4次、旷工1天以上，请事假过多者。

（10）拾遗不报，据为己有。

（11）擅自涨价、不收费、不划卡。

（12）不按顾客所包项目，私自消费其他材料为顾客服务。

3. C类

C类需要进行50元以上的经济处罚，处理范围包括：

（1）与顾客争辩、顶撞上司。

（2）当值时间睡觉（视本店营业情况可轮值午休）。

（3）私自制本店钥匙。
（4）不服从上司，顶撞或威胁上司。
（5）擅自使用易燃物品。
（6）未经许可擅自在本店内过夜或在宿舍过夜。
（7）有意损坏本店公共设施或环境。
（8）有意损坏顾客物品。
（9）违反操作规程造成损失，发生医疗事故或意外事故。
（10）亲朋好友来本店消费，当值人员营私舞弊。
（11）索要小费或礼物给本店带来不良声誉。

4. D类

D类需要进行开除处理或交派出所处罚，处理范围包括：
（1）偷窃本店、顾客或同事的财物或有贪污行为、私拿回扣。
（2）打架斗殴或恶意诬陷他人（顾客或同事）。
（3）由于工作过失造成本店重大经济损失及伤害他人造成事故。
（4）行骗、赌博、吸毒、替他人拉娼、在本店找顾客卖淫、走私等。
（5）在外或本店触犯国家法律。
（6）不按防火规定操作而造成火灾、火警。
（7）钻空子或弄虚作假、虚报冒领、谋取个人利益。
（8）每月旷工3天以上者。
（9）名堂多多、爱自由、不接受管理者。
（10）多次警告，目中无人屡教不改者。

（八）聘用制度

（1）总则：优秀的人才是企业成功的一大要素，设立严格的招聘制度为美容院的发展打下坚实的基础。任人唯贤，不避亲疏。要求聘用的人员外表端庄，皮肤较好，口齿伶俐，好学上进。

（2）聘用标准：符合本市劳动管理部门的劳动力管理条件，根据本店的岗位需要，凡是具有一定专业知识和技能，身体健康，有志从事美容、美发、保健服务工作的应聘人员。

（3）聘用条件：凡报名应聘人员，均应提供本人身份证、健康证、学历证、从业证及专业技术资格证。如无以上证书者，本店可以代办，另收手续费、培训费。

（4）试用期：所有入选员工都必须经过1个月的试用期，接受本店的工作培训，一星期内熟悉本店产品、设备的使用，价目表了解并熟记管理制度，无试用工资，在试用期内如欲终止合作，须提前3天通知，扣下所得提成作为招聘、培训损失。试用期满后，合格者确定工资级别与本店签署正式合同，合同期限1年以上，不合格者本店解除聘用关系。

（5）成为本店职员，执行合同，遵守本店所有制度。

（6）辞退或辞职：员工在合同期内要求辞职，须提前一星期写出书面申请报告，经批准交回制服、工作卡、住房钥匙，结清账款方可离职，培训费不退。如本店对某员工的工作表现不满或员工健康情况对营业有影响，本店有权辞退，办理辞退手续，退回培训费。

（7）考试：应聘人员须由店长（院长）面试和笔试、口试。

（九）薪酬制度

美容院的营业额取决于美容师的能力、心态，美容师的收入取决于自身的能力，也取决于合理正规的经营方式。为了用工合理，鼓励挖掘人员的积极性和专业能力，针对不同的环境、区域有不同的提成，方式如下：

（1）美容师经培训考核，可分为店长、顾问、美容师、美容助理，其工资底薪也依次不同，美容师的待遇一般为底薪+提成+奖金。

（2）美容师入职前须经培训并考试合格方能入职，试用期1~3个月按基本工资待遇，3个月后升正式美容师。

（3）试用3个月后可调整基本工资，或由店长（主管）、顾问提携升为正式美容师。

（4）每月制定公司业绩总额，美容师月目标业绩（目标业绩也可按照美容师的基础底薪基本提成定）如：底薪800元，绩效工资200元，按业绩10%提成计算，美容师当月目标业绩应定为1000元，然后才享有提成，如未达到，则只发底薪，扣发绩效工资。

（5）美容师提成可分产品业绩提成、疗程业绩提成。

产品业绩提成	疗程业绩提成
当月按自己销售或按公司促销价提成	当月按公司正常促销业绩提成
0 ~ 5千＿＿＿＿＿＿%	0 ~ 5千＿＿＿＿＿＿%
5千 ~ 1.5万＿＿＿＿＿＿%	5千 ~ 1.5万＿＿＿＿＿＿%
1.5万 ~ 3万＿＿＿＿＿＿%	1.5万 ~ 3万＿＿＿＿＿＿%

3万～5万____________%
5万～8万____________%
8万～10万____________%
如超过公司正常折扣关系价提成：统一按____________%计算

3万～5万____________%
5万～8万____________%
8万～10万____________%
关系折扣业绩提成：属于老板、熟人等特别低的项目业绩提成统一按____________%计算

（6）服务工作奖金：美容师每次服务完一个项目可按服务的辛苦或收费的基础价格给予服务工作奖金，这种方式避免有免费或优惠权顾客互相推让不做或造成对顾客的服务质量不好。

具体方法分为：

A．2~3元：收费低，操作简单。

B．5~8元：收费中，服务较劳累。

C．8~10元：服务技术性高，收费较高。

（7）也可按直接操作一个顾客规定提成多少钱计算，业绩再按每次操作提成。这种做法的弊端是没有积极推动顾客消费的心态。

（8）也可直接按每月销售的多少提成________%，设有服务工作奖金，设有业绩任务奖金。

（十）考勤制度

（1）迟到早退：按时着工作服上班，进行签到，迟到半小时内扣________元，半小时以上按事假论处。

（2）休息日：每月全休________天，休息日的具体日期由经理安排轮休，如需换休可事先申请。

（3）病假：员工申请病假，必须持有效病假证明，或由经理和本店医生核准方可申请休假，须书面申请并经经理批准，如员工因突然患病，不能上班，须设法于当值时间之前电话通知经理，休假后补办休假手续。有底薪员工病假1天不扣发工资，1天以上扣发当天工资。

（4）事假：员工如有特殊情况，需要请事假，或换休假，必须提前1天申请，经批准后方可休假，未经批准无故缺勤或擅离岗位者，按旷工论处。事假不超过一个星期，事假当天无工资。请短时间事假累计8小时算1天。

（5）当班期间不经批准擅自离岗者，每半小时扣________元，不足半小

时按半小时计算。

（6）遇停水、停电或其他原因不能营业，须经通知后方能离岗，否则按旷工论。

（7）旷工1天扣________元。

（8）以“员工素质”和“员工过失”为考核标准，好则奖，坏则罚。

（十一）福利制度

（1）员工每周可获2天带薪假期，但不能在节假日休息，并且由店长安排轮休。

（2）规定的休假员工没有休息坚持上班的，可争取累积假期，有需要时补休或以加班费计发当天薪酬。

（3）每月评选优秀员工1名，奖励________元；评选营业冠军1名，奖励________元。

（4）每月设全勤奖，当月无迟到、早退、旷工、请假者可获全勤奖________元。

（5）公司包________餐。

（6）服务满一年的员工可享受带薪假期5天，丧假2天，婚假5天。

（7）服务满一年，由美容院提供社会福利保险（养老、医疗等）。

（8）员工生日，由美容院送生日蛋糕祝贺。

（十二）奖励制度

员工奖励分三等。

1. 一等奖

员工有下列事迹之一者，给予记一等功，并给予________元以上奖励。

（1）在保护公司财产方面作出贡献，使其免受重大损失者。

（2）防止或挽救事故有功，保护员工生命安全者。

（3）有其他重大功绩者。

2. 二等奖

员工有下列事迹之一者，将设定为二等奖，并给予_______元奖励或晋升职位一级，并由总经理书面通报表扬。

（1）改进公司经营管理，提高经济效益方面做出显著成绩或提出合理建议，公司采纳后卓有成效者。

（2）连续三个月双倍完成销售任务，并协助同事提高销售业绩。

（3）业绩、营销策略及开发项目方面均有突出表现。

3. 三等奖

员工有下列事迹之一者，设定为三等奖，给予______元奖金，并由总经理书面通报表扬。

（1）敬业勤恳，工作积极主动，连续3个月完成销售任务。

（2）热心奉献公司（单位），在个人业绩和顾客服务方面有具体事例者。

（3）严守本公司的规章制度，敢于阻止揭发违纪员工的行为者。

（4）维护公司形象，优质服务受到顾客书面表扬者。

（十三）员工宿舍管理制度

（1）宿舍内应整洁卫生，室内无杂物，地面、墙面无污迹，天花板无蛛网。

（2）宿舍内应保持空气清新，无异味。

（3）宿舍内各种设备设施完好有效，有防盗设施。

（4）宿舍内严禁放置各种易燃易爆、剧毒物品，严禁放置宣传各种反动、淫秽、色情、封建迷信等内容的书刊及音像制品。

（5）宿舍内严禁喧哗打闹，严禁进行赌博或变相赌博等违法活动，按时熄灯休息。

（6）定期清理卫生，不乱倒垃圾，保证排水管道畅通，无堵塞。

（7）轮值卫生，保持个人和住房整洁。

（8）出入关门，提高防盗意识，贵重物品、太多现金请秘密保存。

（9）最后离开时要关灯、关风扇，养成节约用水、用电习惯。

（10）晚上会客不能超过11点。

（11）会客时不要影响他人休息。

（12）晚上外出不能超过凌晨1点回来，员工在外发生任何事情，本店不负责。

（13）没有经理批准，不能擅自留住非本店人员。

（14）严禁在宿舍内搞非法活动，违者后果自负。

（15）违犯以上条款进行10~100元现金罚款或除名处理。揭发犯规者奖10~100元现金。

（十四）美容院物流管理制度

1. 货物管理的意义

美容院除了全面、一流的服务和专业的技术项目，提升营业额也需要有一套健全的物流管理制度，来控制不必要的成本资金损耗。要掌握产品储备，防止库存压货、缺货，从而保证营业顺利。要清楚货品的成本与定位，不断地改进经营方法，协助美容院走向成功。

2. 货物管理细则

（1）产品管理需由财务核算成本，制定每次收费与量的成本。

（2）产品进货需由库管、财务清点入货，并做好记录。

（3）产品出货需由领货人写领货单，由店长（特殊产品、情况需由总经理批示）签名，领货人签名，注明用途，库管签名出货并留存单盘点。

（4）每星期需由店长、财务、库管盘点货一次。

（5）各类产品需由店长或顾问制定使用量，并公布给出货人。

3. 产品出货方法

（1）针对服务项目需要，需由出货人写领货单，请各部门负责人签名，由专人出货给美容师。

（2）由美容师助理负责配料出货。

（3）出货人员需严格按使用量出货（或个别顾客需加、减货量）。

（4）货品领出后需按指定地方统一摆放，并保持取货时的卫生。

（5）操作美容师领产品时需持客户资料，资料上注明当次需操作的项目，由店长或顾问签名，才能由出货人出货。

（6）美容助理领产品需持干净的小碟子，分类装好，用小托盘或其他拿回操作室，使用完毕清洗干净，放入消毒柜消毒。

（7）使用完的产品，领货时需持空瓶写领货单一起交与库管再次出货。

二、美容院员工手册（范例）

（一）美容院的宗旨、理念及组织形式

1. 美容院宗旨

秉持领先技术，倡导行业风范，标志上乘品质，推动服务文明。

2. 价值观

美容院的责任是带给顾客美丽与健康，提供一流的服务品质。

3. 经营理念

美容院的经营理念是：领先、高效、高品位。

4. 管理理念

美容院的管理理念是：崇尚责任、崇尚竞争、追求品质、追求高效。

不断追求品质、追求卓越是美容院力量不竭的源泉，是美容院赖以发展的资本。献身精神、团队意识与强烈的事业心是美容院的凝聚力。

专业化、现代化是美容院始终不渝追求的目标，效益与效率是美容院管理的灵魂。

5. 服务理念

美容院的服务理念应包括：顾客满意+服务超值。

6. 服务宗旨

（1）顾客至上——满足顾客的需要永远排在工作的第一位。

（2）主动热忱——积极为顾客提供优质服务。

（3）礼貌微笑——是每个员工对顾客服务应具备的基本要求。

（4）团结协作——和谐的团队精神是达到最高效率和最佳服务的基础。

以上宗旨是本美容院的最高准则，务必牢记在心，忠实奉行，并随时反省。

7. 组织形式

本美容院实行公司总部董事长领导下的总经理（店长）负责制。总经理（店长）为美容院最高行政领导，统管及指挥美容院一切经营管理活动。美容

院经营管理机构根据需要划分为若干个部门，实行逐级负责的管理制度，用人实行全员劳动聘用合同制，分配实行底薪加提成的多劳多得薪酬制。

美容院总经理（店长）为决策层，部门负责人为管理层，部门负责人以下至班组长级（含）以上为执行层，员工为操作层。

（二）总经理致辞

各位员工：

真诚地欢迎您到×美容院工作。为体现人生的价值，请尽情发挥您的才智，相信您会很快融入这充满朝气的大家庭，并凭着您的工作热情和进取心以及对美容业的热爱，愉快地在这里工作、生活。

美容业作为服务性行业，需要您和大家共同努力为顾客提供完善的服务，力求以科学、专业的经营管理和高质量的服务水准，树立并维护我院良好的形象和声誉，争取最佳经济效益和社会效益。作为大家共同奋斗的目标，您会在此发挥出最高的水平。

为了使您对美容业的基本情况和有关规章制度能有比较清楚的了解，请认真阅读《员工手册》，理解并贯彻其中各项内容，以明确美容院对员工的基本要求。

谨希望各位员工敬业乐业，真诚合作，为实现我们的宏伟目标而努力奋斗。

×美容院

年　　月　　日

（三）总则

“员工手册”是美容院员工在本美容院工作期间的生活和工作说明书，它包括员工的行为规范和工作准则，“员工手册”的培训和学习，是新员工步入美容院的必修课程，同时，“员工手册”也是美容院与员工劳动合同的一个组成部分（通常作为合同附件）。新员工入职无论即将就任何种职位，无论过去有过何种美容院管理和工作的经历，只要入职本美容院，都要详细阅读美容院的“员工手册”，使之对本美容院的基本政策和管理模式有一个认识。

“员工手册”作为新入职员工的工作指南，在新员工入职培训时会按人手一册发给员工，要求熟读、熟背，经过培训考核并要求员工在熟读之后在尾页上签名证实。本手册按内容划分可分为7个章节，主要包括：美容院简介、劳动条例、员工福利、员工守则、奖惩条例、安全守则、授权等，职员就职后，认真遵守。

1. 简介

×美容院位于××楼，是一间集中医治疗、西医护理、推拿按摩、专业文刺、物理美体、形象设计、美容培训、美容咨询等多项专业美容服务项目为一体的大型美容院，其中包括：大型西医护理间1间，中医治疗室1间，调配室1间，按摩房2间，共计建筑面积138平方米，其设备多以原装进口为主，主要有多功能治疗仪1台，美肤治疗仪1台，电脑超声波1台，中草药奥桑喷雾3台，冷光仪1台，使用产品则注重自我特点同时配合中外名牌，服务于顾客。

2. 劳动条例

（1）用人原则及聘用标准

用人原则：重业务，重能力，不拘一格，任人唯贤。

聘用标准：符合本市劳动管理部门的劳动力管理条件，根据本美容院的岗位需要，凡是具有一定专业知识和技能，身体健康，无不良行为记录，有志从事美容服务工作的应聘人员，经过自愿报名，美容院测试、考核合格者，均有被录用机会。

（2）资格审核

凡报名应聘人员，均应提供本人身份证件、学历证书及从业证，由人事部审核无误。

凡报名应聘美容院管理职位和专业技术职位的人员除应提供上述证明文件外，还应提供本人的专业技术资格证明，美容院会通过一定人事方式对员工的资历状况进行核实。

（3）身体检查

凡经测试合格人员，必须经过本市卫生防疫站或美容院指定医院的身体检查并获得健康合格证。

员工入职后，美容院每年会对员工安排一次体检，对于患有传染性疾病的员工，美容院有权按有关规定安排休假、调离或调换工作岗位，直到作出办理病退或终止合同等处理。

（4）入职考试

应聘人员要经过考试，考试合格方可以成为美容院的实习工（试用），考试不合格者，可给予一次补考机会，经补考还不合格者，即取消聘用资格。

（5）试用期

所有入职员工都必须经过1个月的见习期（试用期），接受美容院的入职培训教育，见习期间享受该岗位的见习工资。在见习期内，如见习员工欲终止合同，须提前半个月（15天）以辞职报告（书面）的形式报告部门主管，否则，应赔偿美容院的招聘损失__________元整，见习期满后，由部门做出见习评价书，并参加评级考试，确定工资级别，与美容院签订正式劳动合同。考试不合格者，美容院有权解除劳动关系或延长试用期，试用期的延长期限最多不超过2个月。

（6）劳动合同

见习期满，合格的员工，美容院将与其签订正式劳动合同，从劳动合同签订之日起，员工享有该岗位合同规定的工资待遇及有关福利。劳动合同期限为一年，合同期满后，经劳资协商可续签或终止合同。

（7）工作班次

员工的工作班次由工作性质所定，如工作需要可安排倒班、加班、加时或上连续班，加班、加时或上连续班应按美容院统一安排的程序进行，如因工作需要，美容院有权对员工的岗位进行调换。

（8）薪金

美容院实行隔月发薪制度，即每月18日—19日以现金方式发放前一个月的工资。

美容师工资构成为：基础工资+岗位津贴+年限津贴+提成+分红。

（9）晋升

美容院可根据工作需要调整员工的工作岗位或工种，调整岗位或工种后的待遇按所在岗位或工种的标准执行。

美容院可根据员工的工作表现和才能提供晋升的机会。员工晋升的条件，一是通过每半年的晋升考试，二是由管理部门提升。

（10）培训

新员工从入职到正式担任岗位职务，必须经过入职培训、岗前培训、入职考试3项基本的培训项目，员工入职时应交培训费100元，员工在合同期未满之前离职，培训费不退还。合同期满后，无论续签合同还是辞职，培训费均退还本人。

（11）考勤

员工必须严格执行美容院的考勤制度，各种假期的申请必须按规定的程序办理，月末经部门主管批准的缺勤、迟到、早退等都将受到美容院的处分。

（12）辞退或辞职

员工在合同期内要求辞职，均应提前一个月写出书面申请报告，经批准，办理离开手续，如若未提前一个月提出申请而擅自离开美容院者，美容院以旷工论处，扣发当月工资和有关抵押金以作补偿。

（13）离职

无论何故，员工离职都必须按美容院规定上缴制服，退清欠款，办完离职手续，方可离开美容院。

3. 员工福利

（1）休息日

员工每周全休2天，休息的具体日期由所属部门和主管根据工作需要预先安排。

（2）年假

① 在美容院连续工作满12个月的正式员工，均可享受美容院之年假7天，年假不包括休息日在内，年假为带薪假日。

② 员工年假的申请，必须提前一个月向部门主管提出书面申请，经部门主管批准后办理休假手续，经理部批复后方能生效。

③ 年假一般应在本年内安排休完，未经经理部批准，不得将年假积累至下一年度。

④ 当年受到留美容院察看处分或受大过处分者，均不享受当年年假待遇。

（3）病假

①美容院员工请休病假，必须持有医院有效病假证明，经部门主管批准并办妥病假手续后方可休假。

②如因急诊，无法提前请假，需提供医院开具的有效急诊证明，经美容院核实后，可补办休假手续。

③员工因突然患病，不能上班，须设法于当值时间之前通知所属主管。

④员工病假期间的薪金待遇，1天不扣发工资，1天以上扣发当天工资。

（4）事假

①员工如有特殊情况，需要请事假，必须提前一天办妥请假手续，经批准后方可休假。

②员工当值，遇特殊紧急情况，需请事假或换休假，可随时向所属主管提出申请，经批准后方可执行，未经批准无故缺勤或擅离岗位者，按旷工论处。

③事假期限的审批权为，1天以内由所属主管审批，1天以上3天以内经理审批，3天以上由总经理审批。

4. 员工守则

（1）总则

①热爱祖国，拥护共产党的领导，遵守国家法律、法规和各项政策。

②遵守社会公德，讲究职业道德，讲究文明礼貌，热爱本职工作，维护声誉，遵守劳动纪律。

③敬业乐业，积极进取，刻苦学习专业知识，不断提高业务水平和工作能力，提高服务质量。

（2）岗位守则

①按时上下班，工作时间不得擅离岗位，不得迟到、早退。

②工作时间不得打私人电话，不得长时间会客，紧急的私人电话则由所在部门或人事部接收转告。

③在工作岗位上不准吃东西、坐躺床位、看与业务无关的书籍，未经统一批准，不许佩带手机。

④不准与顾客争辩，不准用粗言秽语对待顾客与同事，不得讥讽或嘲笑顾客，不允许存在不理睬顾客的怠慢行为，不得在公共场合与人争辩或大声喧哗。

⑤在工作服务岗位，要热情、礼貌、周到地接待顾客，与顾客和同事交谈要使用敬语，当值时要按美容院要求的标准姿势站立服务，不准高声谈话或聊天，不许当着顾客的面做不雅观的动作，如梳理头发、掏耳朵、触摸鼻孔等。

⑥美容院员工不得利用职权给亲友以特殊优惠。

（3）工作态度

①礼貌：礼貌是美容院员工起码的准则，无论对待顾客还是对待同事都要以礼相待，使用敬语。在对顾客服务时，还要做到迎客要有问候声，谈话要有称呼声，离别顾客要有道谢声，工作出现差错和失误要有致谦声。

②微笑：微笑服务是美容院对员工的基本要求，微笑要自然得体、发自内心，温馨和蔼、轻松、愉快，使顾客感到宾至如归。

③效率：做任何事情都讲求效率，说到就要做到，对工作不推诿、不拖拉，接待顾客要善始善终，交接工作要讲清楚。

④责任：对各项工作要有责任心，要有对顾客、对美容院高度负责的精神。

⑤ 诚实：诚实、可靠、正直，不徇私情、不行贿受贿、不贪图别人的钱财和物品，不向顾客索要小费。

⑥ 细致：工作仔细、认真、耐心、细致，兢兢业业，一丝不苟。

（4）仪容仪表

① 员工进入岗位必须穿着工衣，并保持工衣制服干净、整洁，领花、袖口要扣好，衬衣要将下摆放入裤（裙）内，不可穿破损的或黑色的袜子。

② 保持身体清洁，不留异形发型，不留指甲，不涂指甲油，工作时间不吃异味食品，保持口腔卫生。

③ 站立要端正，挺胸、收腹、抬头，两眼平视，双手背于背后，双脚呈“V”字形，膝和脚后跟要靠紧。

④ 就座姿势要上体挺直，两肩放松，胸部挺起，坐凳子面积的三分之二为宜。

⑤ 行走要轻松稳健，挺胸抬头，两眼平视，步距要符合标准。

⑥ 在岗位上行为要规范，不准在顾客面前打喷嚏、打哈欠、伸懒腰、挖耳鼻、梳头发、剔牙、打饱嗝、挖眼屎、修指甲，不准交头接耳，不准谈笑聊天。

（5）服从上司

① 员工必须有强烈的服从意识，每一位员工必须明确自己的直接上司，切实服从上司的工作安排和督导，按时完成本职任务。

② 不得顶撞上司，不得无故拖延、拒绝或终止上司安排的工作，若遇疑惑不满，可按正常程序向领导或人事部门投诉。

③ 若在工作中出现意外情况而自己的直属上司不在场，又必须立即解决时，可越级向上级主管请示或反映。

（6）合作精神

美容院的对客服务，是依靠大家共同合作来完成的。美容院的工作都是为了一个共同的目标，完成对顾客的技术服务，因此美容院员工必须树立合作的意识，做好本职工作的同时，还要为同事创造条件，保证服务高质量、高水平。

（7）工作行为与规范

美容院对每个岗位的工作都制定了工作程序和规范，行为约束和指导员工的工作步骤，一般情况下，员工不可随意更改，如需变更，须征得有关部门的同意，由美容院通过一定的程序进行更改。

（8）服务准则

注重质量，完善服务，使顾客对我们的服务无可挑剔，是美容院全体员工的共同准则。

（9）上、下班打卡

① 美容院除A级员工外，员工必须按时上、下班，在工作时间内未经主管批准，不得无故早退，员工必须按部门主管编排的时间表进行工作，若需对值班时间作出调整或更改，必须事先得到主管的批准，否则均按旷工论处。

② 员工上、下班，必须按规定打卡。不打卡下班，按早退处理；不打卡上班，按旷工处理。

③ 代人或托人打卡，均属舞弊行为，将会受到美容院的严厉处分。

（10）工号牌

每位员工入职美容院后，即会得到美容院颁发的员工工号牌，以证实员工身份，员工上岗当值时应戴工号牌，否则，按旷工处理。工号牌如有遗失应立即向人事部报告并办理补领手续。

（11）员工工作制服

① 员工入职后，美容院将提供统一工作制服，所有工作制服均属美容院财产，员工必须按美容院规定的程序签领，并按规定进行使用和保管。

② 员工在工作时必须着装，并保持工装整洁，端庄、除在美容院规定范围内的因公或批准外，不准穿着或携带制服离开美容院。

③ 员工离职时，必须将服装交回美容院，并按规定办理退还手续，如有遗失或损坏，则按规定赔偿。

（12）美容院财物

① 爱护美容院财物是每位员工的义务，每位员工必须养成节约用电、节约用水、节约使用产品和易耗品的良好习惯。

② 对仪器、用品，应严格按照标准操作规程使用，如发现因违章操作致使仪器损坏，应照价赔偿。

③ 未经批准，员工不得擅自取用美容院内各类物品作个人自用，否则，以偷盗论处。

④ 如员工犯有盗窃财物行为，无论其所偷盗物品属美容院还是顾客或同事，均会被立即开除并送公安局查办。

（四）附则

1. 奖惩条例

为保证美容院的正常工作秩序和服务质量，倡导员工的敬业精神，限制和杜绝违规违章现象，美容院制定奖惩条例，望全体员工遵守执行。

（1）嘉奖。

（2）对美容院的经营管理和服务质量管理作出重大贡献者。

（3）对发现事故隐患及时采取措施，防止重大事故发生者。

（4）拾金不昧者。

（5）在同行业的业务比赛中，取得优异成绩，为美容院赢得荣誉者。

（6）为美容院开源节流，提出合理化建议，并经实施取得显著成效者。

2. 纪律处分

本美容院员工（含试用期员工）经过入职培训并进入工作岗位后，违反美容院的规章制度，美容院将根据犯规的不同情节，给予适当的处罚，以达到教育和警告之目的。美容院的纪律处分分为“口头警告”、“书面警告”、“严重警告”、“解雇”等4种形式，处分依据为员工过失的3个类别，具体分为：

（1）口头警告

适用于初次轻微违反美容院规定之员工，即犯有甲类过失的员工，本项处分犯规员工直接由上司执行。

（2）书面警告

适用于口头警告后再次违反美容院有关规定的员工，即再次犯有甲类过失的员工，书面警告形式为填写“过失单”，本项处分由犯规员工的所在部门的主管提出，部门经理签发。

（3）严重警告

适用于犯有乙类过失或在半年之内签出第2份“过失单”的员工，受到严重警告的员工同时给以罚款或降职处罚，本项处分由经理签批执行。

（4）解雇

犯有丙类过失或在半年内两次犯有乙类过失，并在员工中或社会上造成不良影响，或在社会上违法乱纪，触犯刑法，本项处分由总经理签批执行。

第二章
美容院经营管理必备表格

一、美容院员工管理表格

应　聘　表

（以下由应聘者填写）

姓名		性别		文化		身体状况		
身高		体重		视力	左：	民族		专业
					右：	出生	年　月　日	
身份证						户口所在地		
婚姻状况	已婚□	未婚□	丧偶□	离异□		政治面貌		
现在住址				联系人		电话		
申请职务	第一志愿					第二志愿		
可接受的工作时间：白班□		中班□		夜班□		24小时值班□		
爱好		特长				血型		
希望的待遇	元/月	是否有住房						

教育程度（从最高学历到中学）					
起止时间	何校	何专业	受过何种专业培训		证明人
至			至毕业□	结业□	
至			至毕业□	结业□	

个人工作简历				
起止时间	单位	何职位/工作	离职原因	证明人
至				
至				
至				

家庭主要成员（父母/配偶/子女/兄弟/姐妹）							
姓名	性别	年龄	关系	工作单位	职务	联系电话	证明人

备注：1．本人所填写内容完全属实，无虚假，如核实有出入愿意接受处分

2．面试时请携带身份证及其他相关证件的复印件

申请人：　　　　　　　　　　　　　　　　年　月　日

面　谈　表（1）

姓　名		应征项目				
用表提要	请主持面谈人员，就适当之格内画 ✓，无法判断时，请免画✓。					
评分项目		配　分				
		5	4	3	2	1
仪容　礼貌　精神 态度　整洁　衣着		极　佳	佳	平　实	略　差	极　差
体格、健康		极　佳	佳	普　通	稍　差	极　差
领悟、反应		特　强	优　秀	平　平	稍　慢	极　劣
对其工作各方面及有关事项之了解		充分了解	很 了 解	尚 了 解	部分了解	极少了解
所具经历与美容院的配合程度		极 配 合	配　合	尚 配 合	未尽配合	未能配合
前来美容院服务的意志		极 坚 定	坚　定	普　通	犹　疑	极　低
语文能力	区分	极　佳	好	平　平	略　通	不　懂
	中文					
	英文					
总　评	☐ 拟予试用 ☐ 列入考虑 ☐ 不予考虑				面谈人： 日期：　月　日	

面　试　表（2）

申请部门 ______________ 分部门 ______________ 职位 ______________

愿望	1．公司前景 2．升职机会 3．优厚报酬 4．志趣相投	5．有工作伙伴 6．开明的主管 7．施展才华的机会 8．合理的工作时间	9．公平待遇 10．良好的工作环境 11．安定的工作 12．有信心挽救公司

面试评估：　5分——优　4分——良好　3分——一般　1分——劣

项目	第一次	得分	第二次	得分	第三次	得分
仪表						
性格						
礼貌						
谈话主动性						
口语清晰度						
思维/对应						
自信心						
英语						
其他语言						
职位知识						
总得分						

推荐：前台□　后台□　接受□　不接受□　□候补　□待考虑

主考签名：

录　用　部　门		批准人
分　　部　　门		部门经理 年　月　日
职　位　/　工　种		
试用期工资等级		人事培训部经理 年　月　日
工　资　标　准		
转正后工资等级		总经理 年　月　日
工　资　标　准		
入　职　日　期		

美容院员工档案

姓名		英文名		性别		出生	年 月 日	籍贯	
身份证号码		体重		身高		婚姻状况			
学历		入职时间	年 月 日	电话					
住址									
入职前的培训记录	1.								
	2.								
	3.								
入职后的培训记录	1.								
	2.								
	3.								
职务升降情况	入职职务		薪酬		入职时间				
	晋升（级别）		资级		薪酬		调整时间		
	晋升（级别）		资级		薪酬		调整时间		
爱好、兴趣		特长、技能							
工作履历	时间	工作单位	职务	待遇	离职原因	证明人及电话			
家庭成员	姓名	关系	单位及电话	家庭地址和电话					
备注									

1. 本表由人力资源部编制。
2. 需附个人应聘简历、学历证明、近照，归入档案。
3. 评估人应是公司总经理或美容院决策人。

制表人：________________　人力资源部经理：________

时间：__________________　时间：__________________

新进员工岗前接待表

新进人员姓名		职务		报到日期	年　月　日
内　容				介绍人	时间
准备接待	1. 了解他的工作经验、教育程度与所受专业训练				
	2. 将他的工作说明书、职责与责任的说明都准备妥当				
	3. 将他的工作场所、所需用具准备妥当				
欢迎	1. 放松心情				
	2. 说明他的从属关系				
	3. 安排他的工作场所，并发给他所需之用具				
表示关切	1. 与他谈论他的背景与兴趣				
	2. 询问居住方面有无问题				
	3. 上下班交通有无问题				
	4. 在发薪水之前财务上有无问题				
单位任务	1. 介绍本单位之任务				
	2. 简介组织概况				
	3. 解释他在本单位之职责				
	4. 解释他与其他同事的关系				
	5. 介绍他的直属主管与他的属员				
介绍同事	1. 向原有同事介绍新同事并说明他的职责				
	2. 向他介绍每位同事的工作并略加赞许				
	3. 安排同事与他共进午餐（第一日）				
主要工作内容	1. 逐次指示他的工作				
	2. 解释工作标准				
	3. 指示他工作的场所				
	4. 指示他当工作发生困难时，何人可帮助他				
	5. 将有关工作规定、技术手册等交他阅读				
	6. 指导工具与装备之使用				
	7. 强调工作安全				
	8. 强调美容院机密不可外泄				
绩效	1. 察看了解进步情形				
	2. 鼓励他提出疑问				
	3. 改正错误并给予鼓励				
其他					

人事部：__________　部门主管：__________　新进人员：__________

新进员工培训课程进度表

第一课	一、美容院简介、人员介绍、美容院前景、市场分析 二、产品、功效、收费标准 三、技术、穴位	上学日期： 学员签名： 讲师签名：
第二课	一、病理 二、手部柔软操 三、手法	上学日期： 学员签名： 讲师签名：
第三课	一、诉求（演练） 二、复习（加强穴位、手法纠正）	上学日期： 学员签名： 讲师签名：
第四课	一、咨询、面对面、电话 二、技术	上学日期： 学员签名： 讲师签名：
第五课	一、管理制度 二、皮肤学理论（皮肤分析）	上学日期： 学员签名： 讲师签名：
第六课	一、化妆课 二、仪器使用 三、各类型皮肤护理	上学日期： 学员签名： 讲师签名：
第七课	一、资料、档案的使用 二、资料卡填写 三、店务服务流程 四、接待语言：①开门　②带到美容室　③拿资料卡　④送客　⑤电话自我介绍	上学日期： 学员签名： 讲师签名：
第八课	一、演练全套护理流程 二、示范→演习	上学日期： 学员签名： 讲师签名：
第九课	一、仪器实地操作 二、考核、互相演练	上学日期： 学员签名： 讲师签名：
第十课	考核结束，未达到80分者，需再训练5～10天	上学日期： 学员签名： 讲师签名：

美容院培训效果检测表

项目	意见			
	优	良	及格	差
一、美容院的经营理念				
1. 了解美容院的经营理念	□	□	□	□
2. 随口能背出经营理念	□	□	□	□
3. 会逐渐喜欢经营理念	□	□	□	□
4. 以经营理念为荣	□	□	□	□
5. 以经营理念为题，写出感想	□	□	□	□
二、企业的存在意义				
1. 了解企业的社会存在意义	□	□	□	□
2. 了解本美容院的社会使命	□	□	□	□
3. 了解何谓利益	□	□	□	□
4. 了解创造利益的重要	□	□	□	□
5. 了解什么是工资与福利	□	□	□	□
三、美容院的组织、特征				
1. 以简单的图解表示出美容院的组织	□	□	□	□
2. 了解各部门的主要业务	□	□	□	□
3. 了解美容院的产品	□	□	□	□
4. 能说出美容院产品的特征	□	□	□	□
5. 能说出美容院的资本额、市场比例等数字	□	□	□	□
四、热爱美容院的精神				
1. 了解美容院的发展情况	□	□	□	□
2. 了解美容院的创业精神	□	□	□	□
3. 了解美容院的传统	□	□	□	□
4. 喜欢美容院的代表颜色或标志	□	□	□	□
5. 由内心产生热爱美容院的热忱	□	□	□	□
五、业界的理解				
1. 能说出美容院所属的业界	□	□	□	□
2. 了解业界的现状	□	□	□	□
3. 了解美容院在业界的地位	□	□	□	□
4. 能提出如何提高美容院在业界的地位	□	□	□	□
5. 强烈地关心业界的整体动向	□	□	□	□

（续表）

项　　目	意　　见			
	优	良	及格	差
六、修饰外表的重点				
1．服装整体语言有干净整洁、稳重的感觉	□	□	□	□
2．不浓妆艳抹（女性），香水不宜太浓（男性）	□	□	□	□
3．服饰配件或项链等搭配不会不相称或过于华丽	□	□	□	□
4．头发不会脏乱，不随便染发	□	□	□	□
5．鞋子不会肮脏	□	□	□	□
七、上班、下班的规则				
1．比上班时间更早到美容院	□	□	□	□
2．早晨的问候很清脆，有精神	□	□	□	□
3．不会在下班时间之前就收拾准备回家	□	□	□	□
4．整理收拾自己工作环境后才下班	□	□	□	□
5．下班时间的招呼也都确实做到	□	□	□	□
八、问候、措辞				
1．与上司或同事打招呼应清脆、愉快	□	□	□	□
2．措辞不会草率或应付式	□	□	□	□
3．确实地回答是、不是	□	□	□	□
4．了解敬称的用法	□	□	□	□
5．上班时间不闲聊	□	□	□	□
九、致力于工作的态度				
1．充满干劲	□	□	□	□
2．表现出对新工作的关心和兴趣	□	□	□	□
3．早一天学会工作进展方法的态度	□	□	□	□
4．不会毫无理由随便离开座位	□	□	□	□
5．有时间观念	□	□	□	□
十、电话、会客的方式				
1．接电话时不会胆怯	□	□	□	□
2．接电话时一定准备纸、笔	□	□	□	□
3．了解会议或洽谈的重要	□	□	□	□
4．了解会议或洽谈的应有态度	□	□	□	□
5．了解工作上的重要	□	□	□	□

一般员工考核评分表

姓名：　　　　　　　　　　　　　　　　　　　　　　　　累计得分：　　　　分

<table>
<tr><td rowspan="3">考核项目</td><td>所在部门</td><td></td><td>职务</td><td></td><td rowspan="3">考评人</td><td colspan="4">评分标准</td><td rowspan="3">平均得分</td></tr>
<tr><td rowspan="2">考核时间</td><td colspan="3" rowspan="2">年　　月　　日至
年　　月　　日</td><td>很满意14分</td><td>满意11分</td><td>尚可8分</td><td>不满意5分</td></tr>
<tr><td>1</td><td>2</td><td>3</td><td>4</td></tr>
<tr><td rowspan="4">工作知识（14分）</td><td colspan="4" rowspan="4">1. 是否对工作提出过有效的改进建议？
2. 是否善于解决工作中遇到的困难？
3. 知识和技术能否胜任目前的工作？
4. 知识和技术在单位中是否属于中等以上？</td><td>组长</td><td></td><td></td><td></td><td></td><td></td></tr>
<tr><td>班长</td><td></td><td></td><td></td><td></td><td></td></tr>
<tr><td>主任</td><td></td><td></td><td></td><td></td><td></td></tr>
<tr><td>经理</td><td></td><td></td><td></td><td></td><td></td></tr>
<tr><td rowspan="4">工作量（14分）</td><td colspan="4" rowspan="4">1. 能否准确控制自己的工作时间？
2. 能否在限期内完成工作？
3. 是否有多余的时间协助其他同事工作？
4. 工作效率在单位中是否属于中等以上？</td><td>组长</td><td></td><td></td><td></td><td></td><td></td></tr>
<tr><td>班长</td><td></td><td></td><td></td><td></td><td></td></tr>
<tr><td>主任</td><td></td><td></td><td></td><td></td><td></td></tr>
<tr><td>经理</td><td></td><td></td><td></td><td></td><td></td></tr>
<tr><td rowspan="4">工作质量（14分）</td><td colspan="4" rowspan="4">1. 所做工作是否不要你操心？
2. 所做工作是否好到足以指导别人？
3. 能否遵守主管的要求？
4. 工作品质在单位中是否属于中等以上？</td><td>组长</td><td></td><td></td><td></td><td></td><td></td></tr>
<tr><td>班长</td><td></td><td></td><td></td><td></td><td></td></tr>
<tr><td>主任</td><td></td><td></td><td></td><td></td><td></td></tr>
<tr><td>经理</td><td></td><td></td><td></td><td></td><td></td></tr>
<tr><td rowspan="4">工作态度（14分）</td><td colspan="4" rowspan="4">1. 做事是否能主动自觉？
2. 是否愿意承担责任？
3. 是否自动协助或关心他人？
4. 对主管交办的事项是否都很乐意去做？</td><td>组长</td><td></td><td></td><td></td><td></td><td></td></tr>
<tr><td>班长</td><td></td><td></td><td></td><td></td><td></td></tr>
<tr><td>主任</td><td></td><td></td><td></td><td></td><td></td></tr>
<tr><td>经理</td><td></td><td></td><td></td><td></td><td></td></tr>
<tr><td rowspan="4">工作能力（14分）</td><td colspan="4" rowspan="4">1. 是否有潜力做得更好？
2. 是否学习得很快？
3. 是否有能力区别出一件工作做得好坏？
4. 做事是否有条理？</td><td>组长</td><td></td><td></td><td></td><td></td><td></td></tr>
<tr><td>班长</td><td></td><td></td><td></td><td></td><td></td></tr>
<tr><td>主任</td><td></td><td></td><td></td><td></td><td></td></tr>
<tr><td>经理</td><td></td><td></td><td></td><td></td><td></td></tr>
<tr><td>出勤（20分）</td><td colspan="10">1.事假_____小时。事假每8小时扣0.5分，所余未满8小时者不扣，故共扣_____分
2.病假_____小时。病假每8小时扣0.2分，所余未满8小时者不扣，故共扣_____分
3.丧、娩、工伤假_____小时。每8小时扣0.1分，所余未满8小时者不扣，故共扣_____分</td></tr>
<tr><td>年资（10分）</td><td colspan="10">1.工作未满一年者，一律以1分计算
2.工作满一年但不足两年者，可得2.5分。满两年但不足三年者可得4分
3.工作超过一年者，每增一年加1.5分，最高得10分，例如三年年资得5.5分，十年年资得10分</td></tr>
<tr><td>考评人签名</td><td>组长</td><td></td><td>班长</td><td></td><td>主任</td><td colspan="2"></td><td>经理</td><td colspan="2"></td></tr>
</table>

美容院考核评分表

	优	良	一般	较差	劣
1．顾客进入美容院	10	8	6	3	0
（1）起立迎客	10	8	6	3	0
（2）面带笑容	10	8	6	3	0
（3）礼貌地打招呼	10	8	6	3	0
（4）前台附近位置的清洁整齐	10	8	6	3	0
2．专业查询	10	8	6	3	0
（1）了解顾客需要，善于赞美顾客和欣赏顾客	10	8	6	3	0
（2）解答问题能力	10	8	6	3	0
（3）推介适合项目给顾客	10	8	6	3	0
3．准备工作	10	8	6	3	0
（1）主动取拖鞋给顾客换	10	8	6	3	0
（2）带客人去换衣服	10	8	6	3	0
（3）提醒顾客锁好储物柜	10	8	6	3	0
4．美容服务过程	10	8	6	3	0
（1）保持连贯性	10	8	6	3	0
（2）询问顾客意见（按摩力度、是否感觉冷等）	10	8	6	3	0
（3）专业技能（手势、技术等）	10	8	6	3	0
5．善于倾听顾客倾诉和善于赞美、欣赏顾客	10	8	6	3	0
6．能恰当地向顾客建议，合理推荐产品	10	8	6	3	0
7．说话内容、声音大小恰如其分	10	8	6	3	0
8．美容仪器及小车摆设清洁整齐	10	8	6	3	0
9．服务完毕	10	8	6	3	0
（1）带顾客去收银台	10	8	6	3	0
（2）主动帮顾客取拖鞋来换	10	8	6	3	0

美容院店长日程表

工作事项	说　明	今日改善措施
店铺设施的改善	每天定时巡视美容院，对设施、装修进行检查，凡有需要清洗、改建、修复、修理的地方，马上安排人力迅速改善	
营业厅布置的改善	店内的装饰、布置是直接影响生意兴衰的重要工作，对顾客在美容院时的心情起到至关重要的作用。必须经常检查店内销售产品的陈列是否凌乱，是否被日光照射而褪色，是否不合季节，是否赶不上潮流	
事务安排的改善	是指事务的合理化、发票的整理、账簿的整理以及办公用品的检查和准备等有关发展美容院业务的所有事项，必须时常检查、改进。不要因琐碎的小事而浪费时间。将物品放在使用的最佳位置而不时地进行整理，是非常难得的。将一切事务都整理得井井有条，可节省时间，提高工作效率	
人事管理的改善	协调人与人之间的关系，增进心与心的交流	
工作方法的改善	应将所发现的不足记录下来，“谁，于何时何地，做了何事”之类的事情，若没有记录，便无据可查，最后只有不了了之。只要将事情记录下来，有根有据，那么事情就可圆满地解决。例如，美容师在操作时可能会出现一些小问题，这时，如果当着顾客的面纠正美容师，则表示该美容院平时对美容师的技术培训不够，有损美容院的声誉。但若当时缄口不言，很可能事后便忘记了。因此，应将此发现记录下来，在会上提出，彻底解决问题	
营业状况的改善	发现整个营业中出现的所有问题。比如，员工在和顾客交谈时，顾客说：“近来美容院真如雨后春笋，我和朋友去了几家美容院，但难以确定哪家较好。”如果出现了这类话题，那么此时此刻正是宣传自己美容院的良机。如果将每个职员提供的这类信息收集起来，并加以综合，研究对策，定能想出新的经营方案	

店长月报表

姓名：________________________

职务：________________________　时间：从____月____日至____月____日

一、总体情况：

1．总目标：____

2．项目（特点）：____

3．员工指标（分解）：______________________________________

4．新客：____

5．续卡：____

6．学习计划（辅）

7．环境（辅）

二、达成目标的行动计划：

1．____

2．____

3．____

4．____

5．____

三、本月工作安排及重点：__________________________________

____

____

____

____

四、促销活动的安排：______________________________________

____

____

____

____

店长日常工作考核表

项目	员工评分	店长自评	总评
传输美容院信息			
1．解释美容院业务精神（5分）			
2．解释美容院政策及理由（5分）			
3．告诉员工美容院最新动态（5分）			
顾客服务			
1．与顾客交谈以了解需要（5分）			
2．处理顾客关系很得当、亲切（5分）			
3．解释清楚服务的标准、目标（5分）			
4．通过员工了解顾客的意见（5分）			
5．与员工制定改善的方法（5分）			
6．以身作则，执行服务的承诺（5分）			
领导团队精神			
1．制定目标并鼓励做到（5分）			
2．令店内个人相处融洽（5分）			
3．有效地处理店内人事问题（5分）			
4．维持良好的纪律（5分）			
管理技巧			
1．待人处事公道（5分）			
2．与同事相处融洽（5分）			
3．接受意见并改善（5分）			
4．令员工感到自己的重要性（5分）			
5．清楚员工的能力并发挥所长（5分）			
6．处事作风灵活而不失原则（5分）			
7．解释清楚工作标准及要求（5分）			
8．清楚分配工作并跟进（5分）			
9．告诉员工其长处及其不足（5分）			
10．对同事提出的意见有建设性地批评（5分）			
11．承担责任及后果（5分）			
教导			
1．教员工很多有用的东西（5分）			
2．赞扬有良好表现的员工（5分）			
3．接受意见并改善（5分）			
4．与员工制定学习目标并鼓励做到（5分）			

美容师服装仪容检查对照表

检查项目	检查结果
1．头发干净、无头屑，发型整齐	
2．脸部干净，妆容淡雅、没有脱落，香水适宜	
3．牙齿干净，没有口臭	
4．身体干净，没有异味	
5．手干净、皮肤细腻（美容师尤其要注意）	
6．指甲干净、剪短，不涂指甲油	
7．不戴首饰、手表，其他配饰不夸张	
8．制服干净，穿戴整齐	
9．制服里的衣服干净、搭配得当	
10．鞋子洁净，方便活动	
11．发自内心地真诚微笑	
12．声音柔和、不刺耳	
13．调整自己的心态面对顾客	

说明：

1．每个员工要牢记此表。

2．此表贴于员工更衣镜子旁的显眼处。

3．每个员工每天营业前必须对照此表检查自己的仪表。

4．店长根据此表检查员工仪表，对不合格者提出指正，并进行相应处罚。

5．也可在做早课时进行检查。

6．各美容院可根据自己的情况进行项目的增减。

美容师待客礼仪评价表

项　目	自我评价	主管评价
1．接听或打出电话时礼仪是否周全		
2．顾客进门时是否招呼周到		
3．准备工作是否完善且未让顾客久候		
4．是否引导顾客入座和主动倒茶		
5．询问时口气是否亲切有礼		
6．服务时是否经常保持自然笑容		
7．服务时动作是否训练有素		
8．与顾客交谈是否使用礼貌用语		
9．与顾客交谈时气氛是否融洽		
10．客少时是否有偷懒迹象		
11．向顾客收款时是否致谢		
12．顾客离店时是否为顾客开门并道别		
13．与顾客迎面而行有否让路		
14．顾客的满意度		
需要改进的地方：		

说明：

1．评价内容一共14项，分优、良、差进行评核。

2．全部优或优、良有7项以上者为“优”；有1项以上差者为“差”；其余为“良”。结合自我评价和主管评价进行评价。

3．对“优”者进行奖励，“差”者进行处罚并督促其改进。

美容院员工服务不好的原因核查表

原　因	解决措施
1. 有另外的事业目标，不把美容业当做自己将来的事业，所以不用心学好、做好	
2. 并不把美容业当做自己的经济主要来源，所以不用心、不专心	
3. 对老板形象、性格排斥，不愿与老板合作，不接受管理并作出反抗	
4. 对管理制度不满	
5. 对待遇不满	
6. 对自己没有信心	
7. 另有发展，准备改行	
8. 准备跳槽	
9. 被其他老板高薪聘请	
10. 打工心态不足，爱自由，不受管理	
11. 打工心态过重，明哲保身，“事不关己，高高挂起”	
12. 身体不健康，有心无力，无法提起精神	
13. 心理不健康，来美容院是为找大款的	
14. 心理压抑型，无法微笑面对别人和自己	
15. 自傲型，看别人不顺眼，如管理人员	
16. 完美型，过于追求完美，得不到便放弃	
17. 受环境影响，如房屋过旧、过脏，随之心情不佳，新开的店则不同	
18. 提建议不被重视、解决，便不再提建议，且不努力、心灰意冷	

二、美容院顾客管理表格

顾客档案表（一）

性别________ 年龄________ 职业__________ 身高______ 体重_________

血型________ 电话________________ 地址___________________________

个人资料	□已婚　□未婚　孩子数目　　个　生日
皮肤状态	□与真实年龄成正比　□比真实年龄大　□比真实年龄小 □结实　□娇嫩　□油滑　□洁白　□苍白　□红润 □晶莹　□弹性　□活力　□松弛　□晦黯　□毛孔粗大 □无光泽　□黑头多　□雀斑　□黑斑　□死皮厚　□面色黄
鼻子状态	□黑头多　□大黑头　□小黑头　□多油脂粉刺　□有损伤 □有点粉刺油脂　□多油　□有点暗疮　□多暗疮 □毛孔略粗　□毛孔粗大　□深浅雀斑　□深浅黑斑 □有暗疮疤洞　□有暗疮印　□其他
面颊情况	□深浅雀斑　□深浅黑斑　□毛孔粗大　□黑头　□酒糟　□粉刺 □多油脂　□暗疮　□暗疮印　□暗疮疤洞　□其他
颈部情况	□肌肉紧结　□肌肉松弛　□皱纹
下巴情况	□粉刺　□黑头　□酒糟　□暗疮　□油脂　□深浅雀斑 □暗疮印　□暗疮疤洞
眼部情况	□美丽紧结　□双眼皮　□单双眼皮　□单眼皮　□略松弛 □上眼睑水肿　□脂肪过多　□脂肪略多　□下眼睑略黑 □下眼睑很黑　□松弛　□浅横皱纹　□深横皱纹　□笑纹 □浅鱼尾纹　□深鱼尾纹
额头情况	□浅皱纹　□深皱纹　□粉刺　□黑头　□酒糟　□暗疮 □油脂　□浅深雀斑　□暗疮印　□暗疮疤洞
嘴角四周	□紧实　□松弛　□细小皱纹　□明显皱纹　□深皱纹
头部情况	□肌肉紧结　□皮肤丰腴美丽　□肌肉松弛 □严重双下巴　□小小双下巴　□皮肤已无弹力　□过粗过肥胖
美容前照片	美容后照片

说明：

一、用途

1．让顾客了解自己的脸部状况，明确哪些地方需要改进。

2．给美容师提供详细资料，以便美容工作的开展。

3．护理后的效果对照。

二、填写

1．填表日期为顾客初次光临时间，护理效果出来的时候再填写另一份。

2．当有新顾客光临时，由前台接待员询问并填写，老顾客达到一定的护理效果后由美容师填写。

3．一定要和顾客一起探讨并如实填写。赞美顾客的优点时要真诚，指出顾客不足时要注意说话的方法和语气。

4．条件允许的情况下可拍照存档。

5．填好后，将某顾客所有护理记录表整理在一起，附在“顾客基本资料记录卡”后面，统一存于前台。

三、具体运用

1．美容师要经常检查顾客的护理记录，跟进顾客的护理情况，并制订相应的护理计划。

2．给顾客看护理前后的对照情况，给顾客继续护理的信心和动力。

四、填写周期

1．新顾客光临和老顾客一定的护理周期完毕后填写。

2．只要顾客一直坚持护理，就要坚持定期填写。

顾客档案表（二）

姓名		出生日期	年　月　日	婚否	□已婚 □未婚
地址		职业		电话	
皮肤属性					
A．眼下：□油　□中　□干　□混合　□敏感					
B．额头：□油　□中　□干　□混合　□敏感					
C．鼻周：□油　□中　□干　□混合　□敏感					
D．面颊：□油　□中　□干　□混合　□敏感					
E．下巴：□油　□中　□干　□混合　□敏感					
皮肤厚度：□厚 □中 □薄	皮肤健康状况：□极好 □良好 □偏黄 □正常 □一般 □异常				
水　　分：□适中□差□一般					
会对护肤品过敏：□有　□无					
皮肤状况					
1．粉刺：□化妆品铅质阻塞 □脂肪污物阻塞 □清洁保养不当 □皮肤油脂分泌旺盛					
2．面疱：□细菌感染 □内分泌失调 □毛孔阻塞 □清洁不当 □化妆品使用不当					
3．暗疮：□内分泌异常、荷尔蒙失调 □内火旺盛 □挤粉刺发炎					
4．雀斑：□遗传 □内分泌失调 □保养品不适 □擦药霜引起					
5．体内黑斑：□内分泌失调 □怀孕引起 □肝功能障碍					
6．老年斑：□皮肤老化 □新陈代谢不良					
7．汗斑：□乳酸菌引起					
8．毛孔粗大：□天生 □角质污垢阻塞 □饮食 □使用刺激性化妆品					
9．疤痕：□挤面疱粉刺过度 □外伤 □药物灼伤					
10．黑黄色素：□失眠或睡眠不足 □化妆品使用不当 □晒太阳 □缺乏维生素C					
11．皱纹：□皮肤生理机能衰退 □皮肤干燥 □缺乏保养 □擦刺激性化妆品					
12．过敏：□天生皮肤过敏 □食物过敏 □气候变化过敏 □使用不当化妆品过敏					
开卡项目：□面部护理 □美白 □补水抗皱 □抽色祛斑 □控油祛痘 □防敏抗敏 □全身护理 □颈部护理 □眼部护理 □美体护理 □丰胸护理 □卵巢护理 □背部护理收腹除纹 □淋巴排毒 □刮痧排毒 □肾部护理 □乳腺保养					
居家产品：					

顾客档案表（三）

姓名： 性别： 年龄： 出生日期：

身高： 体重： 婚否： 职业：

地址： 电话：

皮肤状态：干性、油性、混合性、敏感性、衰老性

皮肤问题：痤疮、黄褐斑、雀斑、黑斑、面黑、面黄、红血丝、皱纹、毛孔粗大、黑头、眼袋、黑眼圈、松弛

斑点产生已有_____年

是否有其他内脏慢性病 □

是否经常生气，是否经常吃药 □

是否经常从事户外活动 □

是否用过激素产品 □

有无过敏史 □

常用护肤牌 □

睡眠状况 □好 □一般 □差

专业护理规划 ______________ 家居护理计划 ______________

项目 ______________ 日护理 ______________

疗程安排 ________ 疗程 ________ 次 所用产品记录 ______________

友情提示：1．经常护理面部肌肤，会得到肌肤新生的感觉

2．护理应及时、规律。

顾客购买产品记录表

姓名：	性别：	职业：	出生日期： 年 月 日
联系地址：		电话：	
照片		皮肤分析	
		□皱纹 □皮肤暗黄 □色斑 □敏感/红血丝 □面疱 □眼纹/眼袋/黑眼圈 □黑头/白头/粉刺 □毛孔粗大	□干性皮肤 □油性皮肤 □混合性皮肤 □中性皮肤 □老化皮肤 1. 2. 3.
日　　期	购买产品目录	顾客签名	美容师签名

美容主管：　　　　　　　　　　　　　　　　执业美容师：

顾客护理记录表（一）

个人意见：____
希望改善：____
速度：____
服务时间：为期______，每月______次，每周______次，每次______小时。
备注：____
____
意见：
顾问：
美容师：
需改善方面：
最佳速度：为期______，每月______次，每周______次，每次______小时。
服务时间：
备注：
经双方沟通后达成以下服务项目：________________________。
第一阶段：________________________________。
每次________，为期________________________。
第二阶段：________________________________。
每次________，为期________________________。
第三阶段：________________________________。
每次________，为期________________________。
中途变更__________，原因________________________。

美容前照片	美容后照片

顾客护理记录表（二）

<table>
<tr><td>姓名</td><td></td><td>年龄</td><td></td><td>出生日期</td><td colspan="2"></td><td>婚否</td><td></td><td>电话</td><td></td></tr>
<tr><td>地址</td><td colspan="3"></td><td>护理状态</td><td>经常</td><td></td><td>偶尔</td><td></td><td>未曾</td><td></td></tr>
<tr><td colspan="4" rowspan="9">照片</td><td colspan="5">皮肤状态
□干性 □油性 □混合性</td><td colspan="2">需加强护理部位</td></tr>
<tr><td colspan="3">护肤特殊加强项目</td><td colspan="4"></td></tr>
<tr><td colspan="3">第一阶段</td><td colspan="4"></td></tr>
<tr><td colspan="3">第二阶段</td><td colspan="4"></td></tr>
<tr><td colspan="3">第三阶段</td><td colspan="4"></td></tr>
<tr><td colspan="3">第四阶段</td><td colspan="4"></td></tr>
<tr><td colspan="3">第五阶段</td><td colspan="4"></td></tr>
<tr><td colspan="3">※着重护理部位</td><td colspan="4"></td></tr>
<tr><td colspan="3">※体内引起问题</td><td colspan="4"></td></tr>
</table>

护理程序	使用产品	护理时间	加强部位	注意事项	备注
1．卸妆					
2．去角质					
3．蒸脸					
4．粉刺清除					
5．按摩					
6．仪器					
7．敷脸					

产品使用过程自我检查表

姓名__________ 年龄________ 购买地点______________________

联系方式____

<table>
<tr><td>使用日期</td><td></td><td>使用前情况</td><td></td><td></td><td></td><td></td></tr>
<tr><td colspan="3">反应情况</td><td>0～15天</td><td>15～30天</td><td>30～45天</td><td>45～60天</td></tr>
<tr><td colspan="3">1．睡眠好</td><td></td><td></td><td></td><td></td></tr>
<tr><td colspan="3">2．食欲增加</td><td></td><td></td><td></td><td></td></tr>
<tr><td colspan="3">3．脐部有发胀，痒感</td><td></td><td></td><td></td><td></td></tr>
<tr><td colspan="3">4．腹胀减轻，大便通畅</td><td></td><td></td><td></td><td></td></tr>
<tr><td colspan="3">5．经期易怒、急躁情绪趋于平静</td><td></td><td></td><td></td><td></td></tr>
<tr><td colspan="3">6．经期头晕症状消失</td><td></td><td></td><td></td><td></td></tr>
<tr><td colspan="3">7．经血颜色恢复正常</td><td></td><td></td><td></td><td></td></tr>
<tr><td colspan="3">8．痛经、闭经症状消失</td><td></td><td></td><td></td><td></td></tr>
<tr><td colspan="3">9．月经量恢复正常</td><td></td><td></td><td></td><td></td></tr>
<tr><td colspan="3">10．面部皮肤光滑、细腻</td><td></td><td></td><td></td><td></td></tr>
<tr><td colspan="3">11．全身皮肤白皙</td><td></td><td></td><td></td><td></td></tr>
<tr><td colspan="3">12．全身皮肤细腻、光滑</td><td></td><td></td><td></td><td></td></tr>
<tr><td colspan="3">13．腰痛症状减轻或消失</td><td></td><td></td><td></td><td></td></tr>
<tr><td colspan="3">14．畏寒现象减轻或消失</td><td></td><td></td><td></td><td></td></tr>
<tr><td colspan="3">15．粉刺减少</td><td></td><td></td><td></td><td></td></tr>
<tr><td colspan="3">16．扁平疣皮肤减轻或消失</td><td></td><td></td><td></td><td></td></tr>
<tr><td colspan="3">17．色斑开始减退、变淡</td><td></td><td></td><td></td><td></td></tr>
<tr><td colspan="3">18．色斑块缩小</td><td></td><td></td><td></td><td></td></tr>
<tr><td colspan="3">19．其他皮肤病减轻或消失</td><td></td><td></td><td></td><td></td></tr>
<tr><td colspan="3">20．色斑完全消失</td><td></td><td></td><td></td><td></td></tr>
</table>

注：1．请在以上不同时间内，根据自我感觉，在与上述反应相吻合之处填上相应数据。

2．反应良好请画“△”，效果显著请画“√”。

顾客面部护理档案

姓名：________ 出生日期：______________ 资料日期：_____年____月___日

职业：________ □已婚　□未婚　课程类别：________________

（照片）	您的皮肤问题	区　域
	红肿面疱	
	黑白头粉刺	
	凹洞	
	毛孔粗大	
	色素瑕疵	
	敏感度	
	过敏症状	
	皱纹	
	弹性松弛	
	湿润度	
	皮肤类型	

建议产品	护理禁忌及注意事项	缴费记录		
		日期	单号	金额
建议搭配	课程操作流程			
		店长核签：		

顾客健胸护理档案

部位＼操作	操作前第一次	操作后第一次	操作后第五次	操作后第十次	操作后第十五次	操作后第二十次	操作后第二十五次	操作后第三十次
左1								
右1								
左2								
右2								
中线								
胸围1								
胸围2								
胸围3								
顾客签字								

缴费记录			付清
日期	单号	金额	会计核签

店长核签：

美容师建议	
日期	建议事项

日期	次数	体重	操作过程	顾客反应	体质净化课程	指导	顾客	顾问

顾客瘦身护理档案

初诊：　　　　年　　月　　日

会　员		姓名		出生日期		住宅电话			
血　型		职业		公司电话		咨询顾问			
体　型	□上半身肥胖　□下半身肥胖　□腹部　□小腿　□大腿　□全身肥胖								
身　高	厘米	体重	千克	骨架	□大　□中　□小				
姿　势	□正常　□鸡胸　□腰椎前弯　□驼背　□脊椎侧弯								
脂　肪	□硬	部位名称		□软	水肿	□有	部位名称		□无
蜂巢强炎	□有	部位名称		□无	肌紧度	□有	部位名称		□劣
静脉肿瘤	□有	部位名称		□无	静脉曲张	□有	部位名称		□无

注意事项		收费记录	日期	单号	金额
加强部位					
			付清　店长核签：		

课程安排	位　置	第一回	第二回	1～2回差	第三回	1～3回差	第四回	1～4回差	第五回	1～5回差
腿中心点										
体　重										
胸　围										
腰　围										
腹　围										
臀　围										
大　腿										
小　腿										
手　臂										
测量日期										
测量者										

顾客预约登记表

姓名	电　话	预定项目	预定时间	人　数	经手人	备　注

顾客对美容院服务满意度调查表

请您在以下□内打√：我们的服务宗旨就是让您获得满意

1．您觉得前台的工作效率如何？	一般□	太慢□
服务态度呢？	一般□	冷淡□
2．你认为迎送人员的工作效率如何？	一般□	太慢□
服务态度呢？	一般□	冷淡□
3．您认为结账人员的工作效率如何？	一般□	太慢□
服务态度呢？	一般□	冷淡□
4．您觉得美容师的工作效率如何？	一般□	太慢□
服务态度呢？	一般□	冷淡□
5．您觉得保健师的工作效率如何？	一般□	太慢□
服务态度呢？	一般□	冷淡□
6．您认为美发师的工作效率如何？	一般□	太慢□
服务态度呢？	一般□	冷淡□
7．您认为咨询师的工作效率如何？	一般□	太慢□
服务态度呢？	一般□	冷淡□
8．您认为美容院的卫生如何？	一般□	不满意□

请您给我们一些建议好吗？________________________________

____

____

____

请您在离开前将本单投入意见箱，谢谢！

签名：____________　日期：____________

顾客消费意见调查表

姓　　名		电　　话	
出生日期		地　　址	

1．您对本店服务人员的服务态度满意吗？

________满意 ________一般 ________急需改进

2．您对本店的设计师服务态度及技术满意吗？

________满意 ________一般 ________急需改进

3．您对本店设计师在技术咨询及沟通上满意吗？

________满意 ________一般 ________急需改进

4．您对消费价位有何看法？

________物超所值 ________尚可 ________太昂贵

如太昂贵，请写下是哪些消费项目：

____

____

5．您对本次来店的消费过程有何建议？

____

____

____

____

本公司全体员工会衷心地接受您的建议和鼓励，并期待下次为您服务时能带给您最好的感觉。

姓　　名		电　　话	
出生日期		地　　址	

顾客对员工满意度调查表

美容院：　　　　　　　　　　　　　　　　日期：

	优	良	中	差	劣
一、进入美容院					
1．起立迎客	10	8	5	3	0
2．面带笑容	10	8	5	3	0
3．礼貌地招呼	10	8	5	3	0
4．前台附近位置的清洁整齐情况	10	8	5	3	0
二、专业调查					
1．了解顾客的需要	10	8	5	3	0
2．解答问题的能力	10	8	5	3	0
3．推介合适的项目或产品给顾客	10	8	5	3	0
三、准备工作					
1．主动取拖鞋给顾客换	10	8	5	3	0
2．带顾客去换衣服	10	8	5	3	0
3．提醒顾客锁好储物柜	10	8	5	3	0
四、服务技能					
1．保持动作连贯性、准确性	10	8	5	3	0
2．询问顾客（按摩力度、是否觉得冷等）	10	8	5	3	0
3．专业技能（手势、技术等）	10	8	5	3	0
五、附加销售：主动推荐配套产品	10	8	5	3	0
六、说话内容、声音大小恰如其分	10	8	5	3	0
七、美容仪器及设备摆设清洁整齐	10	8	5	3	0
八、离开店铺					
1．带顾客去收银台	10	8	5	3	0
2．主动帮顾客取鞋来换	10	8	5	3	0
3．开门送客讲礼貌用语“再见”、“谢谢”等	10	8	5	3	0
总分：					
店铺得分：					

特邀嘉宾姓名：__________ 联系电话：______________ 联系地址：______________

对美容院有何建议：____

顾客信息调查表

非常感谢您对我们工作的大力支持，您的配合对我们更好地为您服务是非常重要的。

请您认真填写以下问题：

1．您的年龄：□16～22　□22～28　□28～32　□32～36　□36～42　□42以上

2．您的职业属于：□公务员　□管理人士　□一般工薪阶层　□工人
□知识分子　□服务业从业人员　□家庭主妇
□学生　□待业　□其他

3．您的月收入属于：□500元以下　□500～800元　□800～1000元
□1000～1500元　□1500～2000元　□2000元以上

4．您是否经常光顾美容院：□经常　□一般　□偶尔　□很少

5．您每月光顾美容院的次数：□1～3次　□3～5次　□5～10次　□10次以上

6．您上美容院看中的是：□环境幽雅　□服务周到　□技术精湛　□名声响
□价格公道　□经常举行活动　□产品质量好

7．您对美容院的信息来源主要是：□报刊广告　□电视广告
□朋友介绍　□亲身感受　□宣传单

8．您在接受美容院服务时首先考虑：□价格　□质量　□服务

9．您曾接受过何种美容服务：□祛斑　□祛痘　□祛印　□美白　□保湿　□除皱
□一般护理　□深层护理　□选择家庭护肤品

10．你觉得效果：□很好　□一般　□很差

11．您认为您所消费的这个美容院有待提升的是：□美容技术　□管理水平　□服务质量
□服务项目　□员工素质　□郊外游园　□联谊会、茶话会

12．您希望美容院以何种方式举行活动：□知识讲座　□郊外游园
□联谊会、茶话会　□其他（请您告诉我们）

13．如果我院近期举行活动，您是否会参加：□会　□不会　□看看再说

14．对于举办活动，您有什么宝贵意见和建议：________________________________

____

15．您认为本地最好的美容院是：________________________________

16．您认为我们可以向之学习的地方是：________________________________

____

再次感谢您的大力支持!

您的姓名 ____________ 联系电话 ________________

您的地址 ____________ 邮　　编 ________________

（感谢您提供的资料，所有逐项填完本调查问卷的朋友均可获赠精美礼物一份）

顾客投诉处理表

顾客姓名		紧急程度		接待人员	
投诉次数		投诉日期		结案日期	
投诉内容					
顾客要求					
顾客情况					
调查分析					
负责单位					
处理建议					
主管批示					
处理结果					

顾客来店时间统计分析表

年　　月　　填表人＿＿＿＿＿＿

周	期	时间													总计
		前	10	11	12	1	2	3	4	5	6	7	8	后	
一															
二															
三															
四															
五															
六															
日															
合计															
一															
二															
三															
四															
五															
六															
日															
合计															
一															
二															
三															
四															
五															
六															
日															
合计															
一															
二															
三															

（续表）

周	期	时间													总计
		前	10	11	12	1	2	3	4	5	6	7	8	后	
四															
五															
六															
日															
合计															
统计分析：															
改进意见：															

说明：

一、用途

1. 了解顾客来店高峰及离店高峰时间。

2. 及早发现经营中的问题。

3. 用以调整人员工作时间，增加工作效率。

4. 根据分析表策划促销活动。

二、填写

1. 表中“前”为早上10点前，“后”为晚上9点后，一格代表一个小时。

2. 根据“预约表”在空格内填写来店客数。

3. 对每天的人数进行合计，对每个时段的人数进行统计。每周结束后填写相应时段人数。

4. 统计分析栏中根据四个星期的情况进行总结，分析顾客来店与离店高峰时间。

5. 改进意见栏填写相应的策略，如何增加来店高峰时间和减少离店高峰时间。

三、填表日期

一个月制作一次，以一周为相应周期。

四、备注

1. 顾客来店高峰时间为顾客最多的时间。

2. 顾客离店高峰时间为顾客最少的时间。

3. 改进意见栏由主管填写。

顾客对美容院意见调查表

项　　目	意　　见				
	优	良	中	差	劣
一、进入美容院					
1．起立迎客	10	8	5	3	0
2．面带微笑	10	8	5	3	0
3．礼貌的招呼	10	8	5	3	0
4．前台附近位置的清洁整齐	10	8	5	3	0
二、专业调查					
1．了解顾客的需要	10	8	5	3	0
2．解答问题的能力	10	8	5	3	0
3．推荐合适的项目或产品给顾客	10	8	5	3	0
三、准备工作					
1．主动取拖鞋给顾客换	10	8	5	3	0
2．带顾客去换衣服	10	8	5	3	0
3．提醒顾客锁好储物柜	10	8	5	3	0
四、专业调查					
1．保持动作连贯性、准确性	10	8	5	3	0
2．询问顾客（按摩力度、是否觉得冷等）	10	8	5	3	0
3．专业技能（手法、技术等）	10	8	5	3	0
五、附加销售：主动装配配套产品	10	8	5	3	0
六、说话内容、声音大小恰如其分	10	8	5	3	0
七、美容仪器及车载摆设清洁整齐	10	8	5	3	0
八、离开店铺					
1．带顾客去收银台	10	8	5	3	0
2．主动帮顾客取拖鞋换	10	8	5	3	0
3．开门送客讲礼貌用语“再见”、“谢谢”等	10	8	5	3	0
总　　分					

三、美容院产品管理表格

美容院的基础配备

类别	名称
仪器	多功能美容仪（超声波、扫斑、除皱）、美容按摩两用床、产品推车、高温紫外线用消毒柜、体重秤、喷雾机、瘦身仪、太空舱、皮肤检测仪
文具	电脑、传真机、电话机、打卡钟、打卡用卡纸、传真纸、计算器、白板、白板笔、笔、双面胶、透明胶纸、涂改液、信封、便笺、订书机、书钉、文件夹、胶水、剪刀、标价牌
电器	彩电、组合音响、洗衣干衣机、饮水机、空调机、电吹风、冰箱、热水器
美容用品	一次性洁面巾、包头巾、大毛巾、床罩、美容师服、顾客美容袍、化妆棉、挖棒、调膜碗、调棒、面纸巾、保鲜纸、面膜扫、敷面纱、量杯、暗疮针、口罩、拖鞋、小碟
清洁器具	垃圾桶、拖把、水桶、抹布、卫生纸、洗手液、沐浴露、洗发水、洁厕精、玻璃水、洗衣粉、洗洁精、空气清新剂
消 毒 剂	75%药用酒精、新洁尔灭、碘酒
杂　　项	一次性饮杯、茶包、即溶咖啡、果汁、时钟

产品登记表（范例）

产品编号提示：A．美白祛斑　B．抑脂抗痘　C．拉皮去皱　D．灭瘢除疣　E．收缩毛孔

编号	品种	成　分	功　效	包装规格（mL）	单价（元）		建议用量（%）
					10mL/瓶	1000mL/瓶	
A001	白芷	香柠檬内酯、呋喃香豆素	降低皮肤对紫外线的敏感性，减少黑色素的分泌，可治雀斑、黄褐斑、妊娠斑	客装 10	院装 1000		2～3
B002	白及	多聚糖、黏液质	对皮肤具保湿、美白功效，减少黑色素形成	10	1000		2～3
C003	白芍	芍药苷、草柔质、苯甲酸	对皮肤具有去死皮、淡化色素作用，抑制黑斑形成	10	1000		2～3
D004	白术	苍术酮、倍丰萜化合物	改善血液循环，使血管扩张，促进皮肤色素吸收，具祛斑功效	10	1000		2～3
E005	当归	多种内酯、氨基酸	抑制酪氨酸酶形成，淡化斑点，美白肌肤	10	1000		2～3

美容院产品请购单

年　　月　　日　　　　　　　　　　　　　编号：

申请人			部门主管		紧急程度	
编号	产品名称	用　途	规　格	单　价	数　量	总　价
1						
2						
3						
4						
5						
6						
7						
8						
9						
10						
11						
12						
13						
14						
15						

店长：　　　　　　　财务管理员：　　　　　　　产品采购员：

销售中产品补、退、换货检查表

年　月　日　　　　　　　　　　　　编号：

编号	产品名称	规格	数量	单价	金额	补、退、换货类别	原因	采取措施	结果	经办人

产品收、发、存日报表

年　月　日　　　　　　　　　　　　编号：

部位＼次数	期初结存			本期入库			本期出库			本期结存		
	单价	数量	金额	单价	数量	金额	单价	数量	金额	单价	数量	金额

产品管理员：　　　　　　　　　　　　主管：

美容院产品策略实施情况自测表

序号	自测内容	是	否
1	是否知道本店主力产品的陈列量？		
2	是否知道本店主力产品的品种数量？		
3	是否知道本店产品中销售的品牌是哪些？		
4	是否知道本店主力产品的价格定位？		
5	是否明确地把握本店主力产品的量、数、质？		
6	是否知道本店主力产品的畅销价格？		
7	本店的畅销产品是否全部有效地陈列出来？		
8	对本店主力产品的销售状况、价格构成是否充分了解？		
9	表现产品构成的模式，是否能被充分地展现出来？		
10	强化产品的单品水准，是否被具体地展现与执行？		
11	对于具有集合效果的产品，是否加以强化？		
12	对产品特性的把握，是否配合销售方式予以表现？		
13	对于符合客层目标的产品内容，是否予以强化？		
14	对于新产品情报的收集，是否很积极地执行？		
15	是否确立产品采购进货的基准（如量、额、时）？		
16	是否关注销售情况的反馈？		
17	是否确定各产品系列的采购厂商？		
18	是否确定主要的供应厂商？		
19	有关潮流趋向性的产品，是否即使在本店不畅销也予以采购？		
20	产品的盘点是否严格依照价格予以计算？		
	“是”×5=		

说明：正确制定产品策略是美容院兴旺的关键。而拟定好策略后还必须正确迅速地实施，才能保证美容院在激烈的竞争中立于不败之地。本表是一个自测表，特定的产品可以根据自身的具体情况对测定内容予以增减。管理者根据本表自行测定后，若得分不到70分，则应检讨自己在工作中的失误，并迅速改进。

产品采购情况检测表

序号	检测内容	是	否
1	是否知道本店的经营特色是什么？		
2	是否知道本店主力产品的品种、数量？		
3	是否知道本店销售的是什么？		
4	是否知道由其负责采购的产品的库存量？		
5	对于其负责采购的产品的量、数、质，是否能明确地把握住？		
6	是否知道由其负责采购的产品的市场现行零售价？		
7	是否明确了解怎样才能采购到物美价廉的产品？		
8	是否充分了解由其采购的产品的销售状况、价格构成？		
9	是否充分了解美容院目前的财力？		
10	是否知道美容院的主力产品品牌有哪些？		
11	是否为“游览”或赠品所吸引而漫无考虑地购货？		
12	是否因为多买可有优待而大量购进？		
13	是否由于采购数量不同时毛利率不同而大量采购？		
14	对于顾客的需要，是否能正确判断？		
15	是否有采购计划和进货标准？		
16	对于自己负责采购的产品的销售情况，是否予以关注？		
17	是否为适应一小部分顾客的要求，随便大量购进产品？		
18	是否因生产者提供的回扣而大量购进产品？		
19	有潮流趋向性的产品，是否即使在本店不畅销也予以采购？		
20	是否关心产品的盘点情况？		
11、12、13、17、18“否”×5＋其他“是”×5=			

说明：一般公司都有所谓的“采购”人员，美容院也不例外。这些采购人员在采购过程中，其“道行”深浅直接影响到美容院的经营，小之可左右美容院的盈亏，大之可决定美容院的存亡。因此，“采购”这个经营活动，不是单纯的一两位采购人员的问题，乃是全美容院的命脉所在。

本表是一个检测表，美容院可以根据自身的具体情况对检测内容予以增减。管理者根据本表自行测定后，若得分不到80分，则应检讨采购人员在工作中的失误，迅速改进。

产品销售情况检测表

序号	检测内容	是	否
1	是否知道本店的经营特色是什么？		
2	是否知道本店销售的主要产品？		
3	是否熟悉本店主力产品的特色？		
4	是否知道由其负责销售的产品的库存量？		
5	对于其负责销售的产品的量、数、质，是否能明确地把握住？		
6	是否熟悉由其负责采购的产品的市场现行零售价？		
7	对于由其负责销售的产品的使用、保存、清洗方法，是否能熟练掌握？		
8	对于由其负责销售的产品的销售状况、价格构成，是否能充分了解？		
9	每天化妆如何，是否清淡相宜，使人见之清爽愉快？		
10	能否做到不与同事聊天，时刻注意顾客情况？		
11	是否不紧跟顾客，或强行拉住顾客推销，能否做到不怂恿顾客购买？		
12	无论顾客衣饰朴素或华丽，是否都同样热情接待？		
13	是否顾客不买时，仍然热情周到，并注意使用敬语？		
14	是否愿意重复拿出产品供顾客挑选？		
15	对于顾客提出的要求，是否了解并马上予以解决？		
16	对于美容院的销售情况是否予以关注？		
17	是否在收款时特别注意，避免发生差错？		
18	是否不在上班时间会客？		
19	顾客抱怨时，是否耐心、细心地给予解释？		
20	顾客离开时，是否笑脸相送，并使用敬语？		

说明：产品只有通过服务一环，才能传送到消费者的手中；而产品只有被消费后，才能实现其价值和使用价值。服务工作的好坏直接影响着产品的顺畅流通，直接影响着产品在消费者心目中的地位、形象，直接关系到美容院和产品的前途。因此，调节好人与人之间的关系，明确服务的这一特殊性，就成为能否提高产品销售量的关键一环。

本表是一个针对现场美容师诉求情况的检测表，美容院可以根据自身的具体情况对检测内容予以增减。本表每项选择“是”得5分，选择“否”得0分，最终结果，若得不到80分，则应检讨美容师在工作中的不足，并迅速改进，提高自身在服务过程中的推销能力。

四、美容院店务管理表格

美容院商圈调查表

店名	品牌	距离	开业年数	开展项目	产品	价格	促销	服务人员	营业管理

商圈客层

常住人口______人　　户籍人口______人　　流动人口______人

年龄小于20岁占______%　　20~40岁占______%　　大于60岁的占_____%

职业学生占________%　　家庭主妇占______%　　工人占__________%

上班族占_________%　　公务人员占______%　　其他占__________%

美容院选址评估表

评价项目＼地址		1	2	3
投资	适中			
	太高			
	太低			
客户定位	合适			
	普通			
	不合适			
交通情况	好			
	中			
	差			
店铺情况	好			
	中			
	差			
周围环境	好			
	中			
	差			
人口评价	好			
	中			
	差			
购买力	好			
	中			
	差			
市场竞争力	好			
	中			
	差			

美容院开业企划因素一览表

内　容	说　明	自评意见
1．资金	（1）可得到的资金　（2）需要的资金	
2．组织	（1）独立　（2）合资　（3）公司	
3．银行往来	（1）开户　（2）存款支票　（3）每日对账单 （4）提款	
4．地点的选择	（1）人口　（2）交通　（3）地段　（4）盈利可能性 （5）停车	
5．装潢及摆设	（1）选择家具　（2）地板　（3）室内装潢 （4）室外装潢　（5）橱窗　（6）霓虹灯、灯箱招牌	
6．设备及器材	（1）选择摆设　（2）比较价格质量　（3）安装合理 （4）节省人力步骤	
7．广告	（1）计划　（2）直接邮寄　（3）报纸　（4）电台 （5）电视	
8．法律	（1）租约、契约　（2）赔偿及法律诉讼	
9．会计系统	（1）系统的建立　（2）预约记录　（3）收入与开支 （4）现金账　（5）盈亏　（6）盘存	
10．营业成本	（1）器材　（2）折旧　（3）房租　（4）水电 （5）薪金　（6）杂用开支　（7）税金	
11．管理	（1）招呼顾客、争取顾客　（2）调解顾客的控诉 （3）定出合理的服务费及产品价格　（4）系统顾客 （5）销售产品　（6）电话技巧	
12．行政	（1）文具、办公用品　（2）盘存	
13．保险	（1）火险　（2）窃盗险　（3）伤害险　（4）失业险 （5）赔偿险	
14．付款方式	（1）预付　（2）欠账　（3）开户　（4）分期付款	
15．遵守劳工法	（1）最低工资　（2）工作时间　（3）童工 （4）指使违法服务	
16．商业道德	（1）礼貌　（2）美容界惯例	
17．遵守政府相关法令	营业执照、美容院经理、美容师、按摩师等从业执照，治安、消防、卫生等状况	

美容院外观设计的内容

内　　容	说　　明
门面的建筑装饰	应有特殊风格，与美容院相称的现代明亮的店面形象，让人有一种流行、新潮的感觉。装修结构线条简洁明快，格调和谐，庄重清新
门口	清洁、易进出，价格标示清楚，产品和服务项目以照片、海报加深印象
招牌	招牌是美容院的牌号，即美容院的名称，它是用以识别店面、招揽生意的牌号或标记。对美容院经营内容具有高度概括力，在艺术上具有强烈吸引力的招牌，对消费者的视觉刺激和心理影响是很重要的
橱窗	橱窗既是一种重要的广告形式，也是装饰门面的重要手段。橱窗不仅可以激发消费者的购买兴趣，丰富消费者的联想，增强消费者信心，还能形象概括地向消费者推荐和介绍产品，发挥着指导消费、促进销售的作用
霓虹灯和广告牌	店面前的霓虹灯、广告牌的设计和大小必须与建筑结构相互和谐，浑然一体，其主要目的是创造一种活跃气氛，吸引消费者注意，鼓励消费者进入美容院进行购买活动

店面设计与装饰

内　容	说　明	自评意见
招牌	深色为主体，突出美容院的文化	
店内风格	可为日式、古典、现代、欧式、泰式等，适当装饰工艺品、名人字画等	
店内的色调	以浅色为主，有安全感。深色容易使人感到疲劳、不安或紧张	
店内情调定格	应恰到好处	
操作区	应占店面积的3／4，要宽松、干净、舒适、色调统一，音乐以中贝音为主	
卫生间	越豪华越好，干净、喷香水，可将促销方案、制度、笑话贴在卫生间，并经常更换	
等候室	可放电视、杂志、饮水机等	
产品展柜	设置在进门右侧（接待台在左边），以高档为主，45°平视	
店长室	要严肃、大方、清洁，体现企业理念	
员工休息室	可作为值班室，员工休息之用，张贴轮休表、光荣榜等，放置员工衣物，挂“非请勿进”字牌	
用品保管室	保持干燥、通风、整洁	
饮水机、茶叶瓶	精致、美观	
收银台	精美、小巧为佳，前面为保管处，机关控制，表格，上班牌	
毛巾颜色及摆放	以浅色为主，100%纯棉，每天消毒，用清洁剂清洗	
灯光	明亮，给人以冬暖夏凉的感觉	

美容院的装修要求

内容	说　明	自评意见
格局	美容院的整个格局应给人宽敞、整洁的感觉，切忌乱、密、窄、刺眼、局促、格局混乱，同时要考虑到项目的开展及经营的规格	
色调	美容院的色调要求和谐悦目，不能过于浓艳，要给顾客温馨并放松的感觉，多选用柔和、淡雅的色调，同时装饰要与美容床罩颜色等统一协调	
灯光	灯光的设计不能过于苍白刺目	
电路	电路的排布要考虑到美容院使用设备多的情况。所以，不仅要考虑负荷，而且要考虑插座、开关的排布方便适用	
空气	美容院的空气要清新，所以装修时就要考虑到通风情况	
产品展示柜	必须在进门后最显眼的地方摆放产品陈列柜。为了增强视觉效果，可衬托一些小饰物，灯光要足	
装饰	一个美容院内的装饰往往体现出经营者的修养及品位，除了墙面有美容产品装饰的图片、穴位图、艺术品外，咨询台、候客区等处都可适当摆放鲜花、饮水机，候客区也可摆放杂志、报纸等，方便顾客阅读	

美容院装饰中易忽略的内容

因 素	说 明
色彩	美容院内部的装饰色彩是否调配得当，对消费者和工作人员在购买活动和销售工作中的情绪调节是有着很大意义的。由于不同色彩会使人产生远近感，因此可以利用这一原理来改变对室内的空间印象。色彩的心理效果还可以运用在不同季节或不同气候地区的感觉调节上
照明	分为基本照明、特别照明和装饰照明三种。在天花板上配置日光灯、荧光灯等光源，照射幅度大，属基本照明。特别照明是为增加柜台、货架上的产品亮度配置的，多采用聚光灯定向照射。装饰照明大多采用彩灯、壁灯、吊灯、灯箱、闪烁灯和霓虹灯等照明设备，对店面的美化、产品的宣传和气氛的渲染都有一定的效果
气味	店内充满芳香气味，能够增加顾客的购买欲。产生香味的方法很多，如放置散发各种香气的鲜花，或点燃香料、喷洒香水等
空气	保持店内的空气清新宜人，也是极重要的促销手段。店内应尽可能采取措施使之通风透气，加设门窗防尘帘，装设空气调节器
声响	美容院声响的控制是不可忽视的影响消费者和服务员情绪的因素。可以经常播放一些轻松柔和、优美悠扬的乐曲，或介绍有关新产品的信息，以冲淡喧闹的噪音
附属设施	有条件的美容院可以增设顾客休息室、儿童娱乐室、饮食服务部、银行分理处等附设场所，这些无疑是提高美容院声誉、满足消费者各种需要的好方法

吸引顾客进入美容院的必要条件检查表

条　件	说　明	检查意见
清　　洁	店面及产品应随时保持清洁。否则会让顾客避之唯恐不及	
鲜　　明	让顾客在店外就能感觉到“这家美容院很有特色”。一般来说，店铺应设在比较明显的位置，从街上各个角落都能看到。店面及橱窗应有鲜明的特色。如果从远处就能看到店铺内部，最为理想	
明　　亮	店面很明亮，使顾客一眼就能看到店里。店堂内的照明也是非常重要的。主要有以下作用：①引导顾客进入店内；②使店内形成柔和愉快的气氛；③使产品变得五光十色，光彩夺目；④引起顾客的消费欲望	
方　　便	入口处最好没有门。入口处有门也会影响顾客的进入。必须有门的话，以自动弹缩门为佳，不劳顾客动手。道路和美容院之间没有阶梯或坡度	
色彩适当	白炽灯的光耀眼而又显得热烈，荧光灯的光则较柔和。所以灯光的使用要因地制宜，一般两者并用为好。从产品的色彩看，冷色（青、蓝、紫）用荧光灯好，暖色（红、橙、黄等）用白炽灯，更能突出产品色彩的鲜艳	
舒　　畅	屋顶有适当的高度，最低不应低于3米，这样顾客就不会产生压抑感	
热　　闹	店头要有热闹的产品展示及各种相应的促销活动，用以吸引顾客	

注：科学的设计、优美的装饰，可以吸引顾客进入美容院，提高顾客消费情绪。

美容院提高营业额的因素

促进因素	自评意见	改进措施	重要性排序
客数			
价格			
店铺地点			
营业时间			
广告宣传			
店铺规模			
知名度			
产品的齐全性			
流行程度跟上潮流			
服务态度积极、消极			
班次			
售后服务			
项目专业性			
项目齐全性			
服务人数			
促销活动			
经销商、代理商支持			
品牌			
地理位置			
管理健全			

成功美容院经营措施一览表

内　容	自评意见		
	已实施	待进行	未开展
1．导师、美容师在服务时、生活时口传	□	□	□
2．对老客户进行跟踪服务，邀约新客户	□	□	□
3．鼓励包月卡、季卡、年卡、产品送服务——锁住顾客	□	□	□
4．附近散发传单、赠品（节日卡、生日卡、礼品袋）	□	□	□
5．优惠卡、贵宾卡、三人行卡	□	□	□
6．专人在门口招待顾客	□	□	□
7．老顾客介绍新顾客从优法	□	□	□
8．免费试验产品，免费测试皮肤，见效再付款	□	□	□
9．举办发布会	□	□	□
10．联合促销	□	□	□
11．报纸、杂志	□	□	□
12．公共汽车、的士、车身广告，上门服务	□	□	□
13．把美容院搬进商场、娱乐场和家庭	□	□	□
14．专业化连锁经营	□	□	□
15．重新装修，耳目一新	□	□	□
16．美容院研讨会、讲座	□	□	□
17．美容沙龙	□	□	□
18．推销美容管理、经营，带动产品、服务	□	□	□
19．迎合消费观	□	□	□
20．现代化、国际化	□	□	□
21．电脑美容，所有项目使用电脑化管理	□	□	□
22．心理美容，让顾客保持顺其自然的心态	□	□	□
23．经营管理、心理知识与技能培训，让美容师引导顾客消费观	□	□	□

班前准备工作

工作项目	工作标准	工作程序
操作室	调试正常 电话通畅 灯光亮度适中 仪器摆放整齐	空调调至适当的温度，灯光调节在适当的位置，音响效果达到最佳效果，电视频点调在规定的频道内
配备间	备量充足，物品清洁无破损，无水迹，摆放整齐	摆放水杯、烟缸、打火机、订单、杯垫、名片、纸巾
环境卫生	无纸屑、无异味、无烟灰、无灰尘、无杂物、无头发、无斑迹	拖擦地面，整理沙发 抹净台面、电器，消毒仪器

班前会工作

工作项目	工作标准	工作程序
点名、检查仪容仪表	仔细认真	自我检查、发型、指甲、口红、皮鞋、服装，佩戴工号牌和工作之用笔，人人过目
练手操、提神操	认真、整齐	店长领操
宣读本院口号	认真、声音响亮	店长领读
传达当日部门例会内容	准确	记住并复述有无重要接待计划的规定
布置当日任务或特殊任务的问题提示、问题改进意见和措施问题	仔细迅速	按照分工具体落实到员工安排
培训	认真清楚	让员工复述改进意见和措施
	符合规范	领班提问，员工回答补充

美容院安全卫生检查

检查项目	待改善事项	说　明	复　检
1. 消防	无法使用、道路阻塞		
2. 灭火器	失效、阻塞、缺少		
3. 走道	阻塞、脏乱		
4. 门	阻塞、损坏、开关不灵		
5. 窗	损坏、不清洁		
6. 地板	不清洁、损坏、打滑		
7. 楼梯	损坏、阻塞、脏乱		
8. 厕所	脏臭、漏水、损坏		
9. 办公桌椅	损坏		
10. 美容床椅	损坏、摇晃		
11. 店面四周	脏乱，废弃物未除		
12. 一般仪器	保养不良，基础松动		
13. 插座开关	损坏、不安全		
14. 电线	损坏		
15. 供水	漏水、排水不良		
16. 仓库	零乱、防火防盗不良		
17. 废料	未处理，放置零乱		
18. 宿舍	脏乱		

检验员：

促销活动申请表

申请部门：　　　　　　　　　　　　　　　　日期：

促销目的					
促销时间					
促销对象					
促销产品					
促销方案					
费用预算					
预计效果					
人员分工					
意见					
申请人		部门经理		主　　管	

促销活动准备工作

序号	准备内容	完成时间	完成情况	检查人	备注
1	邀约顾客分析表	坐诊前一天			专家、助理参照
2	坐诊优惠方案打印稿	坐诊前三天			负责人必须签字
3	欢迎专家迎宾牌	坐诊前三天			放门口醒目位置
4	圆桌两张，桌布两块（坐诊室、促单室各1张）	坐诊前一晚			高度不低于80厘米
5	带靠背扶手软凳一张	坐诊前一晚			供坐诊专家坐
6	硬质无扶手凳子两张	坐诊前一晚			供顾客及顾问坐
7	小盆鲜花一盆（坐诊专家室）	坐诊前一晚			放在专家坐诊台上
8	果盘一个（诊室）	坐诊当天各一份			放在专家一侧桌上
9	A4纸、签字笔（诊室）	每天坐诊用			放专家坐诊台上
10	海报一套（坐诊室）	坐诊前一晚			贴在专家坐诊台后面
11	打开的产品样品一套（促单室）	坐诊前一晚			放在促单室的小手推车上
12	凳子三张（促单室）	坐诊前一晚			凳子品种无要求
13	计算器、笔、A4纸（促单室）	坐诊前一晚			放在促单室的桌上
14	刷卡POS机一台	坐诊前一天			必备品
15	零钱若干	坐诊前一天			供收钱找零
16	手提袋30个	坐诊前一天			供顾客装产品

促销活动总结表

促销品牌			促销时间	年　月　日至　月　日			
店名		店长		地址		电话	
费用支出			参加人员				
活动效果							
销售额							
营业额							
其他							
活动成败分析：							
建议与要求：							
部门鉴定：							
部门负责人			鉴定日期				

美容院营销诊断表

分类	序号	核查项目	是	否	备注
未把握市场	1	是否不知道美容院的市场规模和占有率，无法预测需求？			
	2	是否把握不到美容院营业的季节变动，致使工作计划混乱？			
	3	是否未抓住市场的实际情况，一味从事强力推销？			
	4	是否未作往日营销的败因分析，以致反复失败？			
营销目标有偏差	5	是否未有适当的营销目标，销售定额是领导任意指定的？			
	6	对于营销目标，美容师是否未获得任何鼓励？			
	7	未能产生利润，越销售就越赔钱？			
	8	每月销售额是否相差很多？			
营销战略错误	9	是否销售额无法增加，使得营业不振，陷于困境？			
	10	是否促销活动的费用庞大，而又全无效果？			
	11	是否为没有好的促销方法而烦恼？			
	12	是否为选择进货渠道而烦恼？			
	13	是否广告费用很多，而仍不知道效果如何？			
推销能力不足	14	是否尚未研究出应对顾客拒绝消费的语言技巧？			
	15	是否有很多美容师缺乏推销的技巧？			
	16	对顾客消费心理是否缺乏研究？			
	17	是否忙于应对顾客的投诉？			
	18	员工的推销能力是否未有进步？			
员工缺乏斗志	19	是否员工的士气普遍沮丧，美容师均失去工作热情？			
	20	员工的流动性是否太高？			
	21	人事安排是否适才适用？			
	22	员工是否为薪资制度而烦恼？薪资制度是否成为士气低落的原因？			
	23	是否有员工因人际关系不佳而陷于情绪沮丧？			

（续表）

分类	序号	核查项目	是	否	备注
营销活动管理有误	24	部门之间是否缺乏联系？是否为无谓的会议浪费许多时间？			
	25	是否为未能很好管理员工而感到不知所措？			
	26	老板想教育员工，员工想改变老板的想法，有无这种互相敌对的情形？			
	27	营销事务非常复杂，统计或信息的传递等是否因此而受到影响？			
	28	组织内是否有派系存在、本位主义横行、上下左右互不信赖、气氛很不和谐？			
数字管理有误	29	赊账是否过久而成为呆账？			
	30	赊账管理与资金管理是否可以随时准确地看到？			
	31	各员工的销售效率可曾算出？			
	32	是否经常将实绩与目标或计划对照比较？			